Greeley
Einladung zur Freundschaft

Andrew Greeley

Einladung
zur Freundschaft

Walter-Verlag Olten und Freiburg im Breisgau

Der Titel der amerikanischen Originalausgabe lautet
«The Friendship-Game»
erschienen bei Doubleday & Company, Garden City N.Y.
© 1970 by Andrew M. Greeley
Die Übersetzung besorgte

Klaus Thiele-Dohrmann

3. Auflage 1979

ISBN 3-530-28181-6

Inhalt

Einleitung

Dieses Buch handelt von der angenehmsten und zugleich schwierigsten aller spezifisch menschlichen Tätigkeiten – der Freundschaft. Daß sie die angenehmste ist, bedarf wohl kaum noch eines Beweises. Zu allen Zeiten haben Philosophen, Dichter und Mystiker den Wert der Freundschaft gepriesen. Daß sie die schwierigste aller spezifisch menschlichen Tätigkeiten ist, erwähnen die Dichter und Denker zwar eher beiläufig; aber jedem, der einmal eine Freundschaftsbeziehung hatte, ist dies ohne weiteres klar. Man kommt zwangsläufig zu dem Schluß, daß eine dauerhafte Freundschaft in der Geschichte der Menschheit etwas ziemlich Seltenes ist. Vielleicht haben Dichter, Philosophen und Mystiker die Freundschaft gerade wegen ihrer Seltenheit so sehr gepriesen.

In neuerer Zeit haben einige Soziologen, besonders unter dem Einfluß des französischen Ethnologen Lévi-Strauss, die These aufgestellt, daß bestimmte menschliche Beziehungen aufgrund ökonomischer und struktureller Nützlichkeit entstanden und zwischenmenschliche Beziehungen, wie Wärme und Zuneigung, erst die Folge davon seien. Die Familie entstand, weil sie für die Organisation von Arbeit und für die wirksame Erziehung von Kindern nützlich war. Liebe zwischen einem Mann und seiner Frau war die eher beiläufige, unbeabsichtigte Folge. Mit anderen Worten: Der Mensch stolperte durch Zufall in eine eheliche Freundschaftsbeziehung –

und in alle anderen Arten von Freundschaftsverhältnissen – hinein. Erst seit recht kurzer Zeit beginnt man, die Zuneigung zwischen Mann und Frau schon *vor* der Ehe für wichtig, ja, für die einzige Rechtfertigung einer Eheschließung zu halten. Freundschaft als die Kraft, die Mann und Frau verbindet und zusammenhält, ist eine neue Entdeckung, und zwar eine, deren Erfolg noch nicht unzweifelhaft bewiesen ist. Wenn noch nicht sicher ist, daß Freundschaft allein einen Mann und eine Frau eng miteinander verbinden kann, so ist noch weniger sicher, ob Freundschaft in anderen menschlichen Bereichen existenzfähig ist, es sei denn als sehr seltene Ausnahme. Doch eines der bedeutendsten kulturellen Ereignisse unserer Zeit ist der Entschluß vieler Männer und Frauen, eine neue Welt aufzubauen, in der Freundschaft an die Stelle von Angst und Gewalt treten soll.

Es ist eine Binsenweisheit, daß der Mensch ein komplexes Geschöpf ist; aber wie kompliziert alles ist, merkt man erst, wenn man anfängt, die zwischenmenschliche Beziehung zu untersuchen, die wir Freundschaft nennen. Der Drang, sich dem andern zu offenbaren, ist außerordentlich stark, doch der in die Persönlichkeit eingebaute Widerstand gegen diesen Drang ist ebenso mächtig. Der Mensch wird von den Triebkräften seines Wesens zur Freundschaft gedrängt und gleichzeitig davor zurückgehalten. Jedes Geschöpf, das sich in einer solchen Falle fangen läßt, ist zwangsläufig kompliziert und verwikkelt.

In diesem Buch wird also viel von den Schwierigkeiten der Freundschaft die Rede sein. Der Autor ist weder Dichter, noch Philosoph, noch Mystiker, sondern leider Sozialwissenschaftler. Und der Sozialwissenschaftler, das liegt im Wesen seines Berufes, sucht immer nach Schwierigkeiten. Doch hat es immerhin einen Vorteil, wenn man ihn über Freundschaft reden läßt, denn er verfügt über einige Mittel, die anderen Menschen helfen können, die Probleme und Herausforderungen einer Freundschaft etwas klarer zu sehen.

Wenn Freundschaft auch eine schwierige Aufgabe ist, so halte ich es doch für falsch, die Schwierigkeit allzusehr zu betonen. Bergsteigen ist ein mühsames und erschöpfendes Unterfangen. Aber diejenigen, die es ausüben, genießen es außerordentlich. Der Mensch ist ein spielfreudiges Lebewesen, und er sucht sich für seine Spiele diejenigen Spielarten aus, die die größte Herausforderung darstellen. Der Lohn der Freundschaft liegt zum Teil darin, daß sie ein so herausforderndes und anspruchsvolles Spiel ist.

Der deprimierendste Teil des Freundschaftsspiels besteht darin, daß man auch verlieren kann. Freundschaften können an einem bestimmten Punkt ihrer Entwicklung plötzlich zu Ende sein. Die Versuche, die wir unternehmen, füreinander da zu sein, können fehlschlagen, sei es durch die Schwäche eines Partners oder dadurch, daß die Charaktereigenschaften der beiden Partner eben einfach nicht zueinanderpassen. Eine Beziehung, die so vielversprechend schien, die soviel Wärme und Freude schenkte, verkümmert, bevor sie noch zur Erfüllung gelangt. Wir haben etwas aufs Spiel gesetzt, und wir haben verloren. Wir haben uns angeboten und sind abgewiesen worden oder haben einsehen müssen, daß es nötig war, unser Angebot zurückzuziehen. Man braucht derartige Erfahrungen nicht sehr oft zu machen, um überzeugt zu sein, daß Freundschaft ein Wagnis, vielleicht ein zu großes Wagnis ist.

Wenn wir allerdings nicht gewillt sind, Risiken einzugehen, werden wir auch ganz gewiß niemals Freundschaften haben können. Denn Freundschaft kann sich, wie wir in diesem Buch sehen werden, nur dann ereignen, wenn wir uns dem anderen anbieten; und sich jemandem anzubieten, ist die risikoreichste aller menschlichen Bestrebungen.

Die zweite große Schwierigkeit bei der Suche nach einer Freundschaft besteht darin, daß wir unbedingt auf unsere eigene Integrität und unsere Stellung innerhalb der Freundschaftsbeziehung achten müssen. Wenn Freundschaft ohne Hingabe nicht möglich ist, so ist sie auch nicht möglich ohne Selbstachtung. Solche Selbstachtung macht alle Ängste und Befürchtungen, von denen wir uns bedrängt fühlen, zunichte. Durch Freundschaft werden wir stark, und doch können wir paradoxerweise nicht einmal den Versuch einer freundschaftlichen Bindung machen, wenn wir nicht bereits stark sind. Freundschaft erfordert Selbstaufgabe, doch bedeutet das keineswegs, daß wir unsere Integrität oder unsere Würde dabei aufgeben. Ganz im Gegenteil: Wenn wir in dieser Freundschaftsbeziehung uns selbst verlieren, dann ist ja kein hingabefähiges Selbst mehr vorhanden.

Das Paradox der Freundschaft, das Eingehen des Risikos aufgrund von Selbstachtung und Stärke, das Sich-Hingeben, ohne Würde und Integrität zu verlieren, ist also das Hauptthema, das wir in den Kapiteln dieses Buches behandeln werden. Meine Überlegungen beruhen zum Teil auf der Erfahrung der Tradition, zum Teil auf den Erkenntnissen der Sozialwissenschaft und zum Teil – wie das bei einem solchen Thema notwendig ist – auf meinen eigenen Erfahrungen.

Es ist wohl unvermeidlich, daß sich hierbei ein beträchtliches Stück meines Wesens offenbart, vielleicht mehr als ich eigentlich möchte.

Vielleicht neige ich, im Gegensatz zu anderen Betrachtern, mehr dazu, die Freundschaft aus religiöser Perspektive zu sehen. Obgleich das vorliegende Buch nicht ausgesprochen religiös ist und nicht voraussetzt, daß der Leser den Standpunkt des Schreibenden teilt, so ist es insofern ein religiöses Werk, als Freundschaft im ursprünglichen Sinne des Wortes religiöses Verhalten ist. In der Freundschaftsbeziehung geben wir uns selbst dem anderen hin, und eine solche Hingabe unseres ganzen Wesens ist derart ursprünglich und intim, daß sie die Wurzeln unserer Existenz berührt und uns zur Auseinandersetzung mit existentiellen Fragen zwingt. Die intimste Freundschaft, die Ehe, ist immer in religiöses Zeremoniell gekleidet worden, und zwar weniger deshalb, weil die Religion die Ehe beherrschen wollte, sondern vielmehr, weil das eheliche Geben und Nehmen nicht anders als religiös sein kann.

Freundschaft muß jedoch nicht betont religiös sein, und dieses Buch wird deshalb Fragen von ausgesprochen religiösem Charakter beiseite lassen. Allerdings werde ich immer wieder Worte wie «Glaube» und «Hoffnung» gebrauchen, die unüberhörbar religiös klingen.

Und schließlich erwartet man von einem Autor, daß er seine Dankbarkeit gegenüber denen zum Ausdruck bringt, die ihm bei der Niederschrift eines Buches geholfen haben. Das Wenige, was ich über Freundschaft weiß, habe ich sowohl mit Schmerzen als auch mit Freuden durch andere erfahren. Deshalb danke ich hiermit den Männern und Frauen, die in guten und in schlechten

Tagen, in Zeiten der Hoffnung und in Zeiten der Mutlosigkeit, in Zeiten der Trennung und in Zeiten der Liebe meine Freunde gewesen sind.

Ein treuer Freund ist ein starker Schutz;
    wer den hat, der hat einen großen Schatz.
Ein treuer Freund ist mit keinem Geld noch Gut zu bezahlen.
Ein treuer Freund ist ein Trost des Lebens;
    wer Gott fürchtet, der kriegt solchen Freund.
Denn wer Gott fürchtet, dem wird's gelingen mit Freunden;
    und wie er ist, also wird sein Freund auch sein.
SIRACH 6, 14–17

Freundschaft als Einladung, Geschenk und Versprechen

Der Mensch ist seinem Wesen nach ein einsames Geschöpf. Er gehört zu den wenigen Tieren, die ihr Rudel verlassen würden, wenn sie könnten. Andererseits drängen ihn machtvolle Triebe und Instinkte zum Zusammenleben mit seinen Artgenossen. Vielleicht liegt das an seiner Denkfähigkeit, seinem Selbstbewußtsein, der Erkenntnis seiner Begrenztheit, seinem Wissen darum, daß er eines Tages sterben muß. Aber der Mensch fühlt sich bei seinen Artgenossen nicht wohl. Er ist das einzige Tier, das imstande ist, darüber nachzugrübeln, was andere wohl über ihn denken. Er allein kann sich wünschen, daß andere freundlich über ihn denken und ihn gern mögen; und so ist er auch das einzige Wesen, das befürchten kann, daß andere nicht freundlich über ihn denken und ihn nicht gern mögen könnten.

Wenn er könnte, würde der Mensch am liebsten allein sein, ohne die anderen zu leben versuchen. Oft wünscht er sich das, aber ebensooft wünscht er sich auch das Gegenteil. Jean-Paul Sartre hat einmal gesagt: Die Hölle, das sind immer die anderen. Das stimmt; aber mit dem Himmel verhält es sich ebenso.

Freundschaft ist ein Durchbrechen der Mauern, die Menschen sich errichten, um von anderen getrennt zu sein. Sie bedeutet ein Nachgeben gegenüber dem menschlichen Drang nach Zusammenkunft mit den Artgenossen und einen Sieg über die Instinkte, die den Menschen veranlassen, sich von seinen Mitmenschen abzusondern. Freundschaft ist unser Sieg über die Angst vor den anderen.

Angst ist also die größte Sperre gegenüber der Freundschaft, vor allem Lebensangst. Die anderen, wer das auch immer sein mag, könnten uns verderben, verstümmeln, vernichten. Die ursprüngliche Angst des Menschen ist die Angst vor dem Fallen, die einzige Angst, die ein kleines Kind hat, die Angst, mit der alle späteren Ängste unmittelbar zusammenhängen. Die Angst vor dem Fallen ist nervlich bedingt, wird aber im Laufe der Zeit von psychologischen Ängsten überlagert. Der Mensch will sich seinen Mitmenschen nicht anvertrauen, weil er fürchtet, sie würden ihn dann – physisch oder psychisch – vernichten.

Der Philosoph Hobbes hat die Frage aufgeworfen, wie denn eine humane Gesellschaft möglich sei; er kam zu der ziemlich pessimistischen Schlußfolgerung, sie sei gar nicht möglich. Die meisten Philosophen sind bisher nicht in der Lage gewesen, Hobbes' Frage adäquat zu beantworten. Eine menschliche Gesellschaft ist nicht möglich, aber irgendwie existiert sie dennoch, wenn auch manchmal nur mit knapper Not. Die Gesetze, Konventionen, Sitten, die uns in der menschlichen Gemeinschaft zusammenhalten, sind nichts weiter als ein dünner roter Faden, mit dessen Hilfe wir den allgemeinen Terror zurückzuhalten versuchen. Angst, Argwohn, Mißtrauen, Zorn kommen in jedem von uns hoch, und wir haben häufig das Gefühl, wir müßten töten, um nicht getötet zu werden. Gewalttätigkeit, Verbrechen, Krieg, die ja von Anbeginn an ein Teil der menschlichen Natur sind, machen deutlich, was für ein ursprünglich anti-soziales Wesen der Mensch ist und wie tief Angst und Mißtrauen gegenüber anderen in ihm sitzen. Wir brauchten eine lange Zeit, um komplizierte Gesellschaftsgebilde zu entwickeln, und die meisten dieser Gesellschaftsformen sind, wie Hobbes sehr richtig dargestellt hat, durch Macht und Gewalt zusammengehalten worden. In neuerer Zeit hat die Menschheit es mit demokratischen Gesellschaftsformen versucht, in denen Menschen sich auf der Grundlage mehr oder weniger freier Zustimmung miteinander verbünden. Zwang und Druck in der heutigen amerikanischen Gesellschaft, wo einander bekämpfende Gruppen die Gesellschaft auseinanderzureißen drohen, sind ein schlüssiger Beweis dafür, wie schwierig eine allgemeine Übereinstimmung in einer Gesellschaft tatsächlich ist. Wir sind, so scheint es, nur einen einzigen Schritt vom Terror entfernt, eben gerade aus dem Urwald herausgekommen.

Freundschaft ist der Versuch des Menschen, ohne Angst und Schrecken zu leben.

Vor allem ist sie eine *Einladung*. Freundschaft sagt: «Komm mit. Es gibt nichts, wovor du Angst zu haben brauchst. Wir wollen unsere törichten Befürchtungen und Ängste ablegen. Wir wollen die Schranke zwischen uns niederreißen. Wir wollen einander geloben, uns nicht gegenseitig zu verderben oder zu vernichten, sondern jeder soll es dem anderen angenehm machen, ihm Chancen geben, ihn unterstützen. Wir wollen offen und ehrlich miteinander reden. Wir wollen Vertrauen zueinander haben. Laß uns ein Bündnis schließen, das uns zusammenhält. Laß uns ganz klar die Bedingungen festlegen, die wir beide in unserer Freundschaft respektieren wollen.»

Wesentlich an dieser Einladung ist, dem anderen zu versichern, daß er keine Angst vor uns zu haben braucht. Das glaubhaft zu machen, ist schwierig. Wir sind meist erschrocken, wenn wir erfahren, daß wir anderen Angst einjagen, obwohl wir selbst doch nur allzugroße Angst vor anderen haben. Wir glauben, Angst sei unser Monopol. Wir bemerken nicht die Angst in den Augen der anderen, teilweise deshalb nicht, weil die anderen es so schnell verbergen – oft mit Haßgefühlen –, teilweise aber auch deswegen nicht, weil wir uns nicht einzugestehen wagen, daß wir es bemerken. Dennoch gibt es Momente, wo wir die Angst in den Augen eines Menschen erkennen können, und das ist eine zutiefst beunruhigende Erfahrung. Oft stellen wir Angstgefühle bei jemandem fest, den wir für völlig furchtlos, besonders uns gegenüber, gehalten hatten. Warum sollte ein bekannter Professor Angst vor seinen Studenten haben? Warum sollte ein Vorgesetzter einen Untergebenen fürchten? Warum sollte ein kräftiger, vitaler Mann Angst haben vor einer schwachen, offensichtlich wehrlosen Frau? Warum sollte ein mächtiger Herr sich vor einem Diener fürchten? Und doch gibt es Gelegenheiten, wo der Knecht erkennt, daß er der Herr ist; der Student, daß er der Lehrer, der Untergebene, daß er der Vorgesetzte ist. Und die Frau begreift dann, daß sie mit einer leichten Veränderung des Gesichtsausdrucks den anscheinend mächtigen Mann, den sie in Wirklichkeit um den Finger wickeln kann, vernichten könnte.

Aber warum sollte der andere sich vor uns fürchten? Er ist der Starke, wir sind die Schwachen. Er könnte uns mit Leichtigkeit überwältigen, und doch hat er Angst vor uns, genausoviel Angst wie wir vor ihm.

Wir möchten dem anderen sagen, daß seine Angst, soweit sie uns betrifft, töricht ist, daß niemand auf der Welt weniger Interesse daran hat, ihn zu verletzen und niemand ihn lieber glücklich machen möchte als gerade wir. Wir möchten ihm sagen, daß wir vor ihm genausoviel Angst haben wie er vor uns. Wir möchten mit ihm über unsere völlig sinnlosen Befürchtungen lachen können. Wir möchten protestieren gegen den absurden Gedanken, wir könnten ihn etwa verletzen wollen. Wir möchten ihn im Gegenteil beschützen vor anderen, die ihn womöglich verletzen könnten. Wir möchten ihm versichern, daß die flüchtige Wahrnehmung seiner Verletzbarkeit ihn für uns sogar noch anziehender macht.

Aber gewöhnlich tun wir nichts von alledem. Wir sind verwirrt über die Entdeckung, daß wir Macht über ihn haben, und befürchten, ihn zu erschrecken, wenn wir zeigen, daß wir uns dieser Macht bewußt sind. Das Gefühl der Angst knüpft eine Verbindung zwischen ihm und uns, eine Verbindung, die an jeden von uns Forderungen stellen könnte. Viel lieber würden wir die Angst mit einem Klischee überkleben, das uns erlaubte, der plötzlichen Leidenschaft auszuweichen, die in jenem flüchtigen Moment zwischen uns entbrannte, als wir in den Augen des anderen den Blick des gejagten Tieres sahen, das seinen Tod erwartet.

Freundschaft ist also eine Einladung, die Angst abzustreifen. Sie schließt, wenn vielleicht auch verborgen, das Zugeständnis in sich, daß wir und der andere uns zwar voreinander fürchten, aber willens sind, uns so zu verhalten, als hätten wir jedenfalls zeitweise keine Angst, ja vielleicht sogar uns gegenseitig unsere Angst einzugestehen, wenn sie am größten ist. Die Einladung zur Freundschaft besagt: «Ich werde dir wirklich zeigen, daß ich mich vor dir fürchte, wenn auch du mir zeigst, daß du Angst vor mir hast.»

Freundschaft ist auch ein *Geschenk*. Ja, sie ist im wesentlichen und zuallererst ein Geschenk.

Um den anderen zu veranlassen, unsere Einladung anzunehmen, geben wir ihm einen Anlaß dazu, das heißt, wir bieten ihm uns selber an. Wir sagen ihm: «Ich will mich dir anheimgeben, ich will mich nicht zurückhalten, mich nicht verstecken, ich will mich in deinen Dienst stellen, will dir gern zuhören und gern helfen, auch das Risiko eingehen, vielleicht verletzt zu werden. Ich bin dein, du kannst mit mir machen, was du willst, aber mein Vertrauen zu dir ist so groß, daß ich sicher bin, ich habe nichts von dir zu befürchten.»

Ein solches Geschenk beseitigt zwar nicht die Angst, jedenfalls nicht sofort und vielleicht auch nie völlig. Das Gefühl der Angst wird im Gegenteil ganz offen zugegeben, aber als bedeutungslos abgetan. Ein solches Geschenk besagt: «Ich brauche dich so sehr, daß ich bereit bin, meine Angst zu ignorieren und mich dir anzubieten. Ich möchte sogar meiner eigenen Anziehungskraft so weit vertrauen, daß ich sie für ein wertvolles Geschenk halte und glaube – trotz beträchtlicher Gegenbeweise –, daß du mich daraufhin unwiderstehlich finden wirst, deine eigene Angst ablegst, da sie ja völlig unbegründet ist, und dich mir hingibst. Du bist für mich so unwiderstehlich, daß ich bereit bin, meine eigene Unwiderstehlichkeit aufs Spiel zu setzen, indem ich mich dir hingebe.»

Es gibt für den Menschen nichts Schwierigeres, als ein derartiges Geschenk zu machen. Wenn er es wenigstens nur ein einziges Mal tun müßte und dann nie wieder! Aber Freundschaft ist kein einmaliges Geschenk, man muß sie vielmehr ständig erneuern. Das wird natürlich durch die Praxis einfacher. Das Verschenken des eigenen Ich an den anderen ist immer, einerlei wie sehr man liebt, eine Herausforderung, ein Risiko, denn es bedeutet immer einen Sprung in die Angst.

Das Geschenk ist nicht uneigennützig. Was frühere Philosophen und Theologen über «reine» Liebe behaupteten, das heißt, eine Liebe, in der der Liebende nichts für sich selber sucht, war Unsinn. Die Helden bei Georges Bernanos, die bereit waren, selbst bei ihrer Verdammung noch zu jubeln, wenn es Gottes Wille wäre, erwiesen sich als stark gestörte Wesen. Das Sich-an-einen-anderen-Verschenken ist in dem Sinne selbstlos, daß wir bereit sind, uns dem anderen anzuvertrauen, ohne irgend etwas von uns bewußt zurückzuhalten. Aber es ist nicht selbstlos und kann nicht selbstlos sein in dem Sinne, daß wir nichts als Gegenleistung haben wollen. In seinem brillanten *Mind and Heart of Love* beschließt Martin D'Arcy die philosophische Debatte über «reine Liebe», indem er sagt, daß es letztlich nicht der Wunsch des Liebenden ist, den Geliebten zu besitzen, sondern von diesem besessen zu werden. Aber wir merken, daß wir, wenn wir von unserem Geliebten besessen werden, ihn gleichzeitig auch besitzen. Freundschaft ist also eine Wechselbeziehung. Wir geben uns hin, weil wir den anderen besitzen wollen.

Aber wie aufgeklärt die Selbstsucht unseres Schenkens auch immer sein mag, wie klug eine Investition auf dem Markt des Glücks auch scheinen mag: Wir investieren dabei nicht unser Geld oder unser Talent oder unseren

Ehrgeiz oder unsere Hoffnungen, sondern uns selbst, unsere Männlichkeit oder unsere Weiblichkeit, unser ganzes Menschsein. Das äußerste menschliche Paradox ist, daß wir nicht menschlich sein können, wenn wir nicht unsere Menschlichkeit aufs Spiel zu setzen bereit sind.

Und schließlich ist Freundschaft ein *Versprechen*. Sie verspricht Ekstase, einen Traum voller Freude, eine utopische Vision. Sie verspricht ein Wunderland, in dem wir immer miteinander spielen werden. Wenn ich mich dir in Freundschaft hingebe, dann verspreche ich dir, das Beste in mir werde immer noch besser werden, und ich werde von dir verlangen, daß das Beste in dir auch immer noch besser wird. Wenn Furcht und Sorge, Mißtrauen und Argwohn in uns beiden wegschmelzen, wird die Welt, in der wir leben, prächtiger, und wir werden zusammen in dieser Welt fröhlich sein. Ich verspreche dir nicht nur mein Ich bedingungslos, sondern ich biete dir eine Umgebung, in der wir beide immer glücklicher werden; und natürlich versprichst du mir dasselbe.

Freundschaft ist eine Kombination von Sieg und Niederlage. Wir gewinnen den anderen, indem wir uns ihm unterwerfen, und er besiegt uns, indem er sich uns unterwirft. Unterwerfung ist schrecklich, wie wir schon gesagt haben, aber sie ist auch wunderbar schön. Wenn wir unsere Ängste abwerfen, fühlen wir uns ausgesetzt und hilflos. Aber beim ersten Anzeichen dafür, daß der andere uns in unserer Hilflosigkeit anziehend findet, spüren wir dasselbe Entzücken, das anscheinend auch er empfindet. Bei einer Freundschaft sagen wir: «Du und ich, wir beide lieben mich, und du und ich, wir beide lieben dich.» Unterwerfung ist also nicht nur ein Weg zum Sieg, sie ist nicht nur ein Moment angstvollen Erschrekkens, sie ist auch ein Zugang zur Ekstase. Unterwerfung gehört zum Wesen des Freundschaftsversprechens, und eine Freundschaft ist der Anfang vom Ende des Schrekkens und der Anfang vom Beginn der Freude. Freundschaft wäre keine Herausforderung, wenn es nicht die Angst gäbe, und sie wäre das Wagnis nicht wert, wenn es nicht die Freude gäbe. Wer das Wagnis meidet, meidet die Freude. Wer das Risiko einzugehen bereit ist, der entdeckt, daß die Freude die Angst bei weitem übertrifft.

Freundschaft ist also eine Einladung zur Ekstase, das Geschenk des eigenen Ich, das Versprechen, daß die Freude auf dem Spielplatz, den wir gemeinsam mit unserem Freund einrichten können, niemals zu enden braucht. Nur ein kluger Mensch versucht es mit der Freundschaft, und nur ein Tor weigert sich, es zu versuchen. Der Mensch, das arme Geschöpf, ist zu bedauern. Zwischen Weisheit und Torheit gibt es keinen Mittelweg.

Freundschaft und Liebe

Am Anfang dieses Buches habe ich dem Leser versichert, daß ich weder Dichter, noch Philosoph, noch Mystiker, sondern Sozialwissenschaftler sei; und doch entstammen Worte wie «Unterwerfung» und «Ekstase» eher dem Vokabular des Mystikers als dem des Soziologen. Aber der Mensch hat keine anderen Worte, mit denen er sinnvoll über Freundschaft reden kann. Der Wortschatz der romantischen Liebe hat vielleicht Nebenbedeutungen, die eine ernsthafte Diskussion über Freundschaft erschweren. Andererseits hat der Wortschatz der romantischen Liebe zumindest diesen Vorteil: Freundschaft *ist* Liebe.

Viele Autoren möchten zwischen Freundschaft und Liebe einen Unterschied machen. Einige erklären zum Beispiel, daß Liebe den Beginn der Ehe und Freundschaft kennzeichne, in späteren Jahren aber nachlasse. Wieder andere behaupten, daß romantische Liebe in der Ehe nicht sehr lange andauern könne. Meiner Ansicht nach beruhen diese Meinungen jedoch auf einer sehr enggefaßten Bestimmung der Begriffe Liebe und Freundschaft und auf einem nicht gerechtfertigten Pessimismus hinsichtlich der ehelichen Beziehungen.

Liebe und Freundschaft sind ein und dasselbe. In der christlichen Tradition besteht hierüber kein Zweifel. «Daran wird jedermann erkennen, daß ihr meine Jünger seid, wenn ihr Liebe untereinander habt. Liebet einander so, wie ich euch geliebt habe.» Und: «Seht, ich nenne euch nicht Knechte, sondern Freunde.»

Man meint häufig, Liebe sei das, was der Mensch für seinen intimen Partner empfindet, und Freundschaft sei das Gefühl, das man für jemanden empfindet, mit dem man keinen Intimverkehr hat. Doch eine derartige Meinung basiert auf vor-freudianischen Vorstellungen von Sexualität, denn damit erklärt man die Liebe für sexuell, die Freundschaft aber nicht. Wie ich schon an anderer Stelle ausgeführt habe, hat jede menschliche Freundschaft im Grunde eine sexuelle Komponente, und die Ehe ist rein zufällig diejenige geschlechtliche Beziehung, in welcher Geschlechtsverkehr geschieht.

Es ergibt sich nun eine Reihe von Schlußfolgerungen: Ehe ist ein Freundschaftsverhältnis. Wenn sie das nicht ist, dann ist sie keine zufriedenstellende zwischenmenschliche Beziehung. Und wenn sie keine befriedigende zwischenmenschliche Beziehung ist, dann wird der geschlechtliche Verkehr zwischen den Ehepartnern auch alles andere als befriedigend sein. Oder, um es noch nachdrücklicher zu sagen: Mit einem Angehörigen des anderen Geschlechts zu schlafen, ist nur dann völlig befriedigend, wenn man mit dem Partner befreundet ist. Wenn die mächtigen physischen Triebe beim Flirt und in den ersten Ehejahren nicht von einer sich zwischen den Ehepartnern entfaltenden Freundschaft getragen werden, verlieren sie bald an Kraft und Lustgewinn.

Die eheliche Beziehung ist also die ursprüngliche menschliche Freundschaftsbeziehung. Wenn sich die Partner einander beim geschlechtlichen Verkehr unterwerfen, dann ist das ein Symbol ihrer Freundschaft und eine bedeutsame Stärkung dieser Freundschaft. Man kann die eheliche Beziehung als einen Versuchsraum für das Studium der Freundschaftsdynamik betrachten. Sie ist nicht die einzige Art von Freundschaft und auch nicht die einzige Art sexueller Beziehung [denn alle vertrauten Freundschaften sind ja sexueller Natur], aber sie ist diejenige Sexualbeziehung, in der sowohl die Angst als auch die Ekstase am deutlichsten sichtbar werden. Deshalb wird in diesem Buch die eheliche Beziehung häufig dazu herangezogen, unsere Betrachtungen über Freundschaft zu veranschaulichen. Der einzige Wortschatz, den man in Gesprächen über Freundschaft als angemessen empfinden kann, ist der Wortschatz, der entwickelt wurde, um die romantische Liebe zu beschreiben – eine Liebe, die unserer Ansicht nach nur dauerhaft sein kann, wenn wir mit einem *befreundeten* Partner verheiratet sind.

Sexualität ohne Freundschaft, das heißt, Sex ohne diejenige Art von Liebe, die wir in diesem Buch behandeln, ist bestenfalls unbefriedigend und schlimmstenfalls unmenschlich. Geschlechtlicher Verkehr zwischen zwei Menschen, die keine Freunde sind, ist Betrug, denn sie «machen Liebe», wo in Wirklichkeit gar keine Liebe ist. Vom psychodynamischen Standpunkt aus gesehen, ist ein Mann, der mit einer Frau schläft, ohne mit ihr befreundet zu sein, in der gleichen Lage, als wenn er mit einer Prostituierten schliefe. In beiden Fällen symbolisiert der Sexualakt nicht das Versprechen, die Einladung, das Geschenk, die das Wesen einer Freundschaft ausmachen. Und eine Frau, die sich einem Mann hingibt oder einen Mann verführt, den sie verachtet, unterscheidet sich kaum von einer Prostituierten: Beide täuschen eine Eroberung und eine Unterwerfung vor, die nicht existiert.

Man sollte natürlich aus einer solchen Bemerkung nicht die Schlußfolgerung ziehen, daß es keinen Unterschied macht, ob man mit seiner Freundin oder mit einem Straßenmädchen schläft. Es macht sogar einen ganz erheblichen Unterschied, wenn auch, psychodynamisch gesehen, der Akt der gleiche ist. Wenn man seinem Partner öffentlich ein Versprechen gegeben hat, das von Dauer sein soll, und es besteht dennoch kein Freundschaftsverhältnis, so folgt daraus nicht, daß man sich nun eine Prostituierte suchen müßte. Vielmehr sollte man versuchen herauszufinden, warum der Partner kein Intimpartner ist und was man selbst dazu beigetragen hat, daß die Freundschaft in der Ehe nicht andauert oder womöglich noch intensiver wird.

Liebe und Freundschaft sind also das gleiche: Man vertraut sich einem anderen Menschen voll und ganz an. Und da man bei einer solchen Hingabe immer sein ganzes Ich darbietet, den eigenen Körper eingeschlossen, ist jede Freundschaft sexuell. Die besondere Art von Sexualität in der Ehe [die das Modell und die Wurzel jeglicher Freundschaft unter Menschen ist] kann nur dann völlig menschlich und völlig befriedigend sein, wenn sie im Zusammenhang mit Freundschaft steht. Ehe zerstört die Liebe nicht, sie erfordert sie und wird ohne sie sinnlos. Wenn die romantische Liebe im Laufe langer Ehejahre verfliegt, dann nur deshalb, weil sich kein Freundschaftsverhältnis entwickelt hat. Wie alle Freunde, so lernen auch der Ehemann und die Ehefrau, wie schwierig und anspruchsvoll die Freundschaftsbeziehung ist. In der Einleitung war davon die Rede, daß eine Freundschaft dem Bergsteigen zu vergleichen sei. Das heißt, es handelt sich um eine Tätigkeit, bei der die

Schwierigkeiten das Vergnügen erhöhen. Wenn sich eine Freundschaft entwickelt, dann machen die Schwierigkeiten einer Ehe die romantische Liebe zwischen Mann und Frau eher intensiver. Doch wenn eine solche Freundschaftsbeziehung nicht vorhanden ist, nehmen die Schwierigkeiten überhand, und die Leidenschaft der früheren Jahre erkaltet. Wenn aber die Leidenschaft erkaltet, dann geschieht das deshalb, weil die ehelichen Liebenden nicht den Mut und nicht die Spielfähigkeit besitzen, um leidenschaftliche Freunde zu sein.

Ich habe mich immer darüber gewundert, wieviel Angst in einer Ehe steckt, obgleich doch die Ehepartner sowohl physisch als auch psychisch sehr intim miteinander verkehren. Vielleicht haben sie sich dieser Situation geschickt angepaßt und eine Reihe ausgeklügelter Riten, Konventionen, Sitten und Bräuche entwickelt, die ihnen helfen, ihre Angst voreinander und vor sich selbst zu verbergen – und vor der Umwelt. Nur wenn man zufällig einmal einen Blick hinter den Schleier wirft, der die Beziehung verhüllt, oder wenn man zu Hilfe gerufen wird, dann entdeckt man das Ausmaß der gegenseitigen Angst und das komplizierte System der Beziehungslosigkeit, das geschaffen worden ist, um das Gleichgewicht des Schreckens zu erhalten. Dieses System ist so ausgeklügelt, daß Mann und Frau alles in ihrer Macht Stehende tun werden, um es auch vor sich selber zu verbergen.

Oft wundert man sich außerdem darüber, wie einfach es sich die Leute machen, zu heiraten. Ein Mann und eine Frau heiraten vielleicht, weil sie einander physisch begehren, weil die Gesellschaft von ihnen die Heirat erwartet, weil sie meinen, eine Heirat bestätige ihre Männlichkeit oder Weiblichkeit, weil eine Heirat ihren Eltern Freude machen wird und sie zu akzeptablen Gliedern der Mittelstandsgesellschaft werden läßt oder weil sie einfach nichts besseres zu tun haben als zu heiraten. Sie können verliebt sein, vielleicht sogar ziemlich lange, sie können ganz ruhig und vernünftig über die Zukunft reden, gesellschaftlich gebilligte oder auch mißbilligte Intimkontakte pflegen und doch einander völlig fremd sein. Sie können das furchterregende Ritual der Hochzeitszeremonie über sich ergehen lassen, ihren Körper dem Risiko des ersten Liebesaktes preisgeben, sich den Eigenarten des anderen anpassen, ja sogar Kinder bekommen, das Badezimmer und den Fernsehapparat gemeinsam benutzen, im selben Haus wohnen und dasselbe Auto fahren und doch, strenggenommen, Fremde bleiben. Und so kann das Verhältnis immer weitergehen, ohne daß einer der beiden Partner auch nur einen kleinen Teil seiner Person aufs Spiel setzt oder ein ganz klein wenig von seiner Angst durchblicken läßt. Große Bereiche dieser Partnerbeziehung, eingeschlossen deren intimste Sphären, sind von einer ungeheuren Verschwörung des Schweigens überdeckt, wo keine Probleme existieren, weil sie wegdefiniert werden. Die Beziehung ist zwar nicht besonders zufriedenstellend, andererseits aber auch nicht derart unbefriedigend, daß sie auseinanderbräche. Die Partner sehen nicht ständig Angst in den Augen des anderen, allerdings auch nicht sehr viel Freude. Sie leben nebeneinander her, und Fragen nach Angst und Freude sind für sie kaum von Bedeutung. Was eigentlich eine Freundschaft sein könnte, ist bei ihnen lediglich gegenseitige Anpassung.

Wenn junge Leute heutzutage nach sinnvollen Gemeinschaften suchen, so ist das vielleicht ein Anzeichen dafür, daß eine ständig wachsende Anzahl von ihnen wirklich lohnende Gefühlsbeziehungen – das heißt: Freundschaften – mit Gleichgesinnten wünscht, die nicht ihre Ehepartner sind. Dieses zunehmende Freundschaftsbedürfnis ist eines der großen Probleme und auch eines der großen Risiken unserer Zeit; denn wenn eine große Anzahl Ehen unbefriedigend endet, muß man annehmen, daß es gegen reife und gefühlsmäßig ergiebige Beziehungen, die nicht durch sexuellen Lustgewinn verstärkt werden, starke Widerstände gibt.

Vom Standpunkt des Außenseiters, der sich zeitweise hinter dem Schleier befindet, der eine Ehe vor der Umwelt abschirmt, ist es daher erstaunlich, daß Mann und Frau zusammenleben können, ohne ein Stück ihres eigentlichen Ich miteinander zu teilen. Angst und Freude können von der Alltagsroutine ausgelöscht werden, wenn diese unterdrückten Triebe auch später, nachdem die Kinder das Elternhaus verlassen haben, wieder an die Oberfläche kommen, und zwar in Form jener ständigen Nörgeleien, die so typisch sind für alte Ehepaare, denen alle während der Kindererziehung noch möglichen Fluchtwege nun versperrt sind. Wir brauchen nur einmal den Gesprächen von Eheleuten in den Ferien zuzuhören, um zu erkennen, wieviel Groll ein Leben ständigen ängstlichen Versteckspielens hervorruft.

Wenn man sich auch der Angst wie der Freude durch Verstecken anscheinend entziehen kann, so kommen Angst und Freude gelegentlich doch heraus, besonders unter dem Einfluß von Alkohol oder, in neuerer Zeit, unter dem Einfluß von Drogen. Ärgerlich und bestürzt erinnert man sich am Morgen danach an Angst und

Freude. Nur selten versucht das Paar, den Nebel von Zigaretten, Kaffee und Katerstimmung zu durchstoßen, um die Möglichkeit einer tieferen Bindung zu erwägen. Und doch ist es für den Mann und die Frau schwieriger, sich voreinander zu verbergen als einander gegenüber offen zu sein. Ein großer Energieaufwand ist notwendig, um die Verstellung aufrechtzuerhalten. Ein vertrauensvolles Zusammenleben wäre wahrscheinlich viel entspannender als ein ständiges Deckungsuchen. Wir Menschen haben mit dem Versteckspielen schon ziemlich viel Erfahrung. In Millionen von Jahren hat die Menschheit verschiedenartige Fertigkeiten entwickelt, und unser ganzes Leben lang bemühen wir uns, diese Fertigkeiten uns zu eigen zu machen. Wenn wir aus unserem Versteck hervorkämen, würden wir uns sehr viel weiter vom Rand des Urwalds entfernen, als dies zu tun die Menschheit bisher gewillt zu sein scheint.

Wenn wir einmal objektiv über diese ganze Sache nachdenken – eigentlich ist sie doch ein erstaunliches Phänomen. Die überwältigende Anziehungskraft eines menschlichen Leibes sollte zwei liebende Eheleute eigentlich in einem fast ständigen Angst- und Lustgefühl schweben lassen. Und die verschiedenartigen Reize, die der Leib des anderen bietet, müßten doch, so sollte man meinen, unsere Verteidigungsmechanismen lahmlegen. Unser Wissen um die zwingende Faszination, die der andere auf uns auszuüben imstande ist, sollte uns bis in die tiefsten Tiefen unseres Wesens erschüttern. Der zielbewußt berechnete Lobgesang, den der andere auf uns anstimmt, sollte uns eigentlich in angstvolles Entzücken versetzen. Wenn Mann und Frau diesen Impulsen widerstehen, so ist das wohl ein Kompliment für ihre Fähigkeit zur Entwicklung von Abwehrmechanismen, aber keines für ihre Einsichtsfähigkeit, ihren Verstand und ihre Menschlichkeit.

Das Verhältnis von Angst- und Lustgefühlen ist sicherlich von Zeit zu Zeit und von Paar zu Paar verschieden. Wichtig bei einer gesunden geschlechtlichen Beziehung ist, daß beide Elemente vorhanden sind. Sind sie nicht vorhanden, so ist das ein Beweis dafür, daß die noch größere Angst und die noch ekstatischere Lust der psychischen Nacktheit – der Freundschaft – ebenfalls unterdrückt worden sind.

Zwei Menschen haben sich gegenseitig zu einem Leben unglaublicher Vertrautheit eingeladen. Sie haben einander ihre Körper völlig hingegeben und sich mit diesem Geschenk gegenseitig gemeinsame Freude und gemeinsames Leben versprochen. Aber der Einladung fehlte es an Überzeugungskraft, das Geschenk war seicht, und das Versprechen war nicht ernstgemeint. Sehr bald nach ihrer Hochzeit entdeckten sie, daß eine Freundschaft, selbst eine, die durch die ekstatischen Freuden der geschlechtlichen Vereinigung verstärkt wurde, eine zu große Forderung an sie war. Die einzige Alternative war psychische und physische Abkühlung. Die Angst der Menschen muß sehr groß sein, wenn sie imstande ist, so elementare und feurige menschliche Leidenschaften abzukühlen.

Freundschaft und Selbstoffenbarung

Der Sozialpsychologe George Herbert Mead spricht vom «looking glass self», vom «Spiegel-Selbst». Ohne auf Meads komplexes Gedankengebäude im einzelnen einzugehen, kann man sagen, seine wichtigste Einsicht ist die: Wir erkennen uns selbst, indem wir uns in den Reaktionen anderer Menschen spiegeln. Das «looking glass self» sagt uns nicht nur, wer wir sind, sondern es entscheidet auch, was wir werden. Bei einem Kind verstärkt eine zustimmende Reaktion der Eltern bestimmte Verhaltensweisen, während eine Mißbilligung andere Verhaltensweisen rechtfertigt. Das Kind lernt, daß es sich richtig verhält, wenn die Mutter lächelt, und falsch, wenn die Mutter die Stirn runzelt. Sein Charakter wird also durch die Reaktionen seiner Eltern geformt. Wenn die vielfältige kindliche Persönlichkeit stark gefördert wird, dann wird der Heranwachsende später genügend Selbstvertrauen haben, um sich anderen zu offenbaren und alle ihre Reaktionen auf ihn zu akzeptieren. Aber im gegenwärtigen Stadium der Menschheitsentwicklung treten die meisten von uns mit sehr beschränkten Vorstellungen von Selbstachtung und mit recht wenig wirklichem Selbstvertrauen in das Erwachsenenalter ein. Außerdem entfalten wir ein beachtliches Geschick darin, positive Reaktionen auf jene Seiten unseres Wesens, die von unseren Eltern negativ beurteilt worden waren, einfach zu übersehen.

Ein anschauliches Beispiel für solche Mißachtung positiver Reaktionen bieten sehr viele hübsche Frauen, die sich, trotz überwältigender Gegenbeweise, für gänzlich unattraktiv halten. Häufig wurden solche Frauen in ihrer Kindheit von ihren Müttern als Rivalinnen und als Bedrohung empfunden. Unbewußt, aber übermächtig hatte die Mutter Strafmaßnahmen über die Attraktivität des Kindes verhängt. Attraktiv zu sein, hieß, daß man bestraft, zurückgestoßen, verachtet werden mußte; deshalb versuchte das Mädchen, allen Anschein von Anziehungskraft zu vermeiden. Wenn sie anziehend war, dann war sie schlecht; wenn sie aber unattraktiv war, dann war sie gut. Deshalb sind dann in ihrem Erwachsenendasein die Bewunderung von Freunden und von seiten ihres Ehemannes, die offenkundige Begeisterung über ihre Schönheit von seiten anderer Männer und der ebenso offen gezeigte Neid anderer Frauen einfach nicht stark genug, um ihre Angst vor Bestrafung für ihre Attraktivität zu bannen. Sie ist nicht nur völlig unfähig, sich anderen zu offenbaren, sondern sie hat schreckliche Angst vor einer positiven Reaktion auf eine Selbstoffenbarung, die ihre Schönheit noch stärker hervorheben könnte.

Vielleicht wird sie frigide oder nymphoman oder eine Xanthippe oder ein Scheuerteufel oder eine Mischung aus allem. Zum Beispiel gilt es als ein anerkannt gesundes weibliches Verhalten, eine geplagte Hausfrau zu sein, die sich in einem ständigen – meist erfolglosen – Kampf gegen das Chaos befindet, das ihre Kinder verursachen. Dafür ist sie nie bestraft worden. Aber eine attraktive Frau zu sein, bedeutet ein ungeheures Risiko. Kindheitserfahrungen haben ihre Selbstachtung verstümmelt und sie daran gehindert, etwaige Anzeichen zu erkennen, die ihr diese Selbstachtung hätten zurückgeben können. Wenn ihr Ehemann es versteht, Freundlichkeit mit Beharrlichkeit und Festigkeit zu verbinden, wenn er ihr die ständige warmherzige Hilfestellung geben kann, die sie braucht, und sich dabei entschieden weigert, ihre Selbstzweifel hinzunehmen, dann wird sie vielleicht allmählich anfangen, sich von seinem Glauben an ihre Attraktivität anstecken zu lassen. Dieser Prozeß wird allerdings langwierig und schwierig sein.

Man könnte die obige Schilderung noch einmal geben, dabei die Substantive und Pronomina entsprechend verändern und dann das gleiche über viele Männer sagen. Diese fürchten, ihre Männlichkeit zu akzeptieren, weil sie dadurch früher zu Rivalen ihrer Väter wurden, und die Väter duldeten keine Rivalen.

Wie stark beschädigt der Spiegel auch sein mag, noch immer entwickeln wir uns mit Hilfe des Spiegel-Selbst. Die verborgenen Talente und die geheimen Wünsche, die unterdrückten Ansprüche und die glanzvollen Träume können nur dann Wirklichkeit werden, wenn wir in der Lage sind, sie jemandem mitzuteilen, der darauf positiv reagiert und uns damit sicher macht. Ebenso müssen unsere verborgenen Befürchtungen und Ängste offen dargelegt werden, damit jemand anders sie als töricht verwerfen kann. Wir werden menschlich reifer, wenn wir uns anderen offenbaren und dafür von ihnen ermutigt werden. Je mehr sie anscheinend das billigen, was uns an uns selbst am meisten Angst macht, desto mehr Vertrauen haben wir bei unserer Selbstoffenbarung. Mit jeder neuen Entschleierung unseres Ich befürchten wir natürlich wieder, daß sie uns auslachen, sich über uns lustig machen oder sich angeekelt von uns abwenden werden. Sie können uns ja auch nicht mögen, wenn sie merken, wie wir *wirklich* sind – aber, Wunder über Wunder, sie mögen uns anscheinend doch.

Selbstoffenbarung ist also ein Enthüllen, eine Art von psychischem Striptease, den man allerdings scharf vom Exhibitionismus unterscheiden muß, denn der Exhibitionist entblößt sich unterschiedslos und undifferenziert. Er versucht sich unter dem Deckmantel übertriebener Offenheit [wovon in einem späteren Kapitel noch die Rede sein wird] zu verbergen. Selbstenthüllung jedoch ist ein langsamer, stetiger Vorgang, wobei eine Bewegung ganz natürlich aus der vorangehenden erwächst. Sie kann nicht beschleunigt und nicht erzwungen werden, und man kann sie nicht mit einem einzigen spektakulären Akt herbeiführen. Sie ist schmerzlich und zugleich wohltuend, erschreckend und lustvoll. Wir können einfach nicht glauben, daß der andere uns tatsächlich mag. Wir fürchten, er mag uns nicht, und dann werden wir plötzlich von der noch ärgeren Furcht befallen, er könnte uns vielleicht doch mögen; und wenn er uns mag, dann wird er ja von uns noch mehr erwarten. Sein Verlangen, uns völlig zu besitzen, wird niemals aufhören.

Selbstoffenbarung ist das unerläßliche Kernstück der Persönlichkeitserweiterung und das wesentliche Geschenk in einer Freundschaft. Wir werden vollkommenere, reichere, warmherzigere, humanere Menschenwesen in genau dem Maße, wie wir fähig sind, in Freundschaftsbeziehungen einzutreten. Je mehr wir dem Liebenden gestatten, uns kennenzulernen, desto mehr werden wir seiner Liebe würdig. Wenn sein forschender

Blick in die Tiefe unseres Wesens dringt, entdeckt er Reichtümer, von denen vorher niemand etwas gewußt hat und an die wir kaum zu glauben wagen. Aber weil er in uns hineinsieht, werden wir wirklich so gut, wie er es sieht. Indem der Liebende die noch sehr zögernden Neigungen des Geliebten ermutigt, schafft er sich eigentlich erst den Geliebten. Wir werden das, was der Liebende in uns sieht, und er wird so, wie wir ihn uns vorstellen. Wenn er mit Wärme, Zuneigung und Ermutigung auf unsere versuchsweise, zaghafte und doch mutige Selbstenthüllung reagiert, entdecken wir Fähigkeiten in uns, von denen wir immer geträumt haben, die wir aber nie für wirklich gehalten hätten. Anders ausgedrückt: Der Liebende ist jemand, der unsere Träume von uns selbst zur Erfüllung bringt.

Selbstoffenbarung ist das Spannungsverhältnis zwischen Angst und Lust. Sie ist der Konflikt zwischen dem Wunsch, sich zurückzuhalten und sich zu verbergen, und dem Verlangen, zueinander in Beziehung zu treten und sich zu öffnen. Wir fürchten uns davor, uns zur Schau zu stellen, und dennoch neigen wir heimlich dazu, einen solchen Versuch zu machen, in der leisen Hoffnung, daß der Liebende unsere Darstellung nicht als verrückt, sondern als schön bewertet. In bezug auf die Reaktion sind wir furchtbar hin- und hergerissen: Es wäre verheerend, wenn der andere uns für häßlich hielte, aber noch verheerender, wenn er uns schön fände, denn dann müßten wir immer schön für ihn sein, ja sogar im Laufe der Zeit immer schöner werden. Das wäre ein Anspruch, bei dem wir uns kaum behaglich fühlen würden.

Selbstoffenbarung birgt ein hohes Risiko. Der andere könnte uns abweisen, er könnte uns auslachen, er könnte

möglicherweise nicht stark genug sein, unsere Selbstenthüllung zu ertragen, auch wenn wir dabei zunächst sehr
vorsichtig gewesen wären. Vielleicht achtet er zu sehr
darauf, das Abwehrsystem, das uns voneinander trennt,
aufrechtzuerhalten. Er meint vielleicht, wir wollten ihn
dazu verführen, sich angesichts unserer Selbstenthüllung
ebenfalls zu offenbaren, und ein solcher Gedanke mag
unerträglich beängstigend sein. Er wird uns vielleicht
nicht glauben mögen, vielleicht auch sich selber nicht
trauen können, oder aber er wendet sich nach einiger
Zeit, wenn er ein zu starkes Anziehungsgefühl spürt, von
uns ab. Möglicherweise ist er zunächst objektiv, distan-
ziert und leicht amüsiert; aber wenn er merkt, daß er in
eine komplizierte und tiefgreifende Beziehung hineingezogen wird, gerät er vielleicht in Panik, ergreift vor
uns die Flucht und hinterläßt uns womöglich auch
noch einen Abwehrmechanismus aus Angst, Haß und
Zorn, um uns daran zu hindern, ihn zu verfolgen. Es ist
ganz so, als wenn die Braut in der Hochzeitsnacht ihren
Körper enthüllt und der Bräutigam anfängt zu lachen
oder sie verachtet oder vor Schreck davonläuft. Der
Schaden, der ihr durch ein derartiges Verhalten zugefügt
würde, könnte außerordentlich groß sein. Ein ähnlicher
Schaden kann verursacht werden, wenn man jemandem
sein Ich in Freundschaft anbietet und dann zurückgestoßen wird. Selbst diejenigen, die stark genug sind, eine
solche Behandlung zu ertragen, werden beim nächsten
Mal zurückhaltend sein.
Es hat keinen Sinn, das Risiko, das eine Freundschaft
enthält, zu verniedlichen. Das Leben ist kein Holly-
wood-Film, in dem jede menschliche Beziehung ein
Happy-End hat. Manche, vielleicht sogar die meisten

zwischenmenschlichen Beziehungen sind tragisch, zumindest aber frustrierend. Freundschaften können mit Begeisterung und Freude begonnen werden und enden dann mit bitterer Enttäuschung. Nur ein völlig naiver Mensch ist imstande, in eine Freundschaft hineinzuschlittern, ohne an die möglichen Gefahren zu denken. Und selbst ein naiver Mensch würde wahrscheinlich den gleichen Fehler nicht noch einmal machen.

Gerade das Risiko, das eine Freundschaft birgt, hält viele Menschen davon ab, und gerade dieser anfängliche Widerstand gegen die Einladung zur Freundschaft ist es, der so viele Freundschaftsmöglichkeiten verdirbt.

Gelegentlich bleiben wir bei unseren Freundschaftsversuchen beharrlich, obwohl wir offenkundig zurückgewiesen worden sind. Der wesentlich häufigere Fehler ist allerdings der, daß man aufgibt, wenn die eigentliche Freundschaft gerade vor ihrem Anfang steht.

Es kommt bei einer freundschaftlichen Beziehung die Zeit, wo die Risiken einer Selbstenthüllung minimal geworden sind und man sicher sein kann, daß das gegenseitige Geben in diesem Verhältnis nicht aufhören wird. Dann ist der Wendepunkt erreicht, und die Freunde werden immer Freunde bleiben. Es dauert lange, bis eine Beziehung bei diesem Stadium angelangt ist, und diejenigen, die vorzeitig verkünden, ihr Freundschaftsverhältnis sei endgültig und unwiderruflich, betrügen sich selbst. Wie sicher man auch darüber sein mag, daß der Austausch von Geschenken unwiderruflich sei, es bleibt dennoch nicht nur ein Rest von Angst, sondern auch die Notwendigkeit einer Neubestimmung der Beziehung, da ja die beiden Freunde sich ständig ändern. Wenn eine Freundschaft unwiderruflich geworden ist, werden dadurch die Forderungen an die beiden Partner zwar nicht gemildert, aber die Freunde können sicher sein, den Gefahrenpunkt hinter sich zu haben.

Selbstenthüllung erfordert Taktgefühl, Geduld, Einfühlungsvermögen, Aufnahmefähigkeit für die Selbstoffenbarung des anderen, Beharrlichkeit und Festigkeit. Der Vorgang der Selbstenthüllung kann, wie gesagt, nicht beschleunigt oder hastig betrieben werden. Wir dürfen weder den anderen noch uns selber drängen. Andererseits können wir beim anderen auch keine Verlangsamung des Prozesses dulden und müssen ihn bitten, diese auch bei uns nicht zu gestatten. Es handelt sich nicht um ein Spiel, bei dem ein Zug einen Gegenzug mit sich bringt, sondern vielmehr um zwei komplizierte Spiele, die miteinander verbunden sind und unterschiedlich schnell gespielt werden. Die beiden Freunde ordnen sich wie zwei Tänzer einer schwierigen Tanzfigur ein. Einladung, Geschenk, Versprechen, Sieg und Niederlage – all das muß in das Muster der eigenen Selbstenthüllung eingewoben sein, während man sich gleichzeitig den vorangegangenen, gegenwärtigen und kommenden Bewegungen seines Partners anpaßt. Das Tempo dieses Tanzes ist manchmal so atemberaubend schnell, daß man das Gefühl hat, man müsse innehalten, um Luft zu schöpfen; dann wieder ist es so langsam, daß man wünscht, die Musik möge aufhören. Das Paradox des Freundschaftstanzes ist, daß keiner der beiden Partner die gesamte Verantwortung für ein Gelingen auf sich nehmen kann, und doch müssen sich beide für alles, was geschieht, verantwortlich fühlen.

Und schließlich ist ein wichtiges Erfordernis bei diesem Tanz, daß der Tänzer mindestens ein wenig Vertrauen zu seinen tänzerischen Fähigkeiten hat. Dadurch braucht er seine Tanzfiguren nicht sofort vom Partner bestätigt zu bekommen. Er kann es sich leisten, sich selbst ins Spiel zu bringen, weil er sicher ist, daß etwas in ihm steckt, auch wenn der Partner nicht darauf reagiert. Er kann auf seinem Freundschaftsangebot auch dann noch bestehen, wenn ein schwächerer Mensch sich schon längst ärgerlich und beleidigt hätte zurückziehen müssen. Andererseits ist er auch stark genug, den Tanz abzubrechen, wenn offenkundig ist, daß der Partner einfach nicht tanzen will oder kann. Ein schwacher Mensch beendet den Tanz viel zu früh, weil er fürchtet, durch eine Zurückweisung völlig vernichtet zu werden; oder er setzt den Tanz viel zu lange fort, weil, wenn der Tanz aufhören würde, von ihm selbst nichts mehr übrigbliebe.

Freundschaft ist nur für Menschen geeignet, die glauben, wirklich etwas zu besitzen, was wert ist, einem Freund enthüllt zu werden, einen inneren Wert, den andere eigentlich anziehend finden könnten. Die Schwierigkeit bei den meisten Freundschaften unter den Menschen besteht darin, daß der eine Partner, meist sogar beide, nicht wirklich davon überzeugt ist, daß er etwas anzubieten habe.

Freundschaft und Scham

Die Wurzel des Problems ist unser Minderwertigkeits-
gefühl, anders ausgedrückt: Wir schämen uns. Die
Angst, die als Schranke vor jeder Freundschaft steht, ist
in das Gefühl der Scham gekleidet. Die Freude, die man
empfindet, wenn man angesichts der Angst dennoch
handelt, ist die Freude über die Überwindung der
Scham.
Das Schamgefühl redet uns ein, wir seien nicht gut genug, wir würden uns als unzulänglich erweisen, wenn
man uns unter die Lupe nähme. Adam und Eva im
Garten Eden schämten sich nicht, weil sie sich als Mann
und Frau erwiesen, sondern weil sie als Versager dastan-
den, die ein Gebot nicht befolgt hatten.
Der Mensch ist das einzige Lebewesen, das Scham empfinden kann, das einzige Lebewesen, das in der Lage ist,
sich minderwertig zu fühlen. Schimpansen schätzen sich
selbst sehr hoch ein.
Scham ist die Angst vor körperlicher Unzulänglichkeit,
besonders vor sexueller Unzulänglichkeit. Ein Mann ist
nicht sicher, ob er es mit einer Frau aufnehmen kann, und
eine Frau ist ebensowenig sicher, ob sie einem Mann
genügen kann. Sexuelle Unzulänglichkeit ist mehr als
bloß genitale Unzulänglichkeit, obwohl diese zweifellos
mit einbegriffen ist. Sie bedeutet, daß ein Mensch bestimmte Dinge, die andere können, nicht kann.
Ein Mann zu sein, heißt mehr, als mit einer Frau einen

Orgasmus haben zu können. Es bedeutet, daß man fähig sein muß, seine Familie angemessen zu ernähren und zu unterhalten, daß man im Beruf erfolgreich sein, andere Männer mit seiner Männlichkeit beeindrucken, sich selbst für dynamisch, entschlossen, kraftvoll und tatkräftig halten muß. Und eine Frau zu sein, bedeutet mehr als nur dem Mann in sexueller Hinsicht zu entsprechen. Es bedeutet, eine gute Hausfrau, Mutter, Autofahrerin, Organisatorin, Schneiderin, Gastgeberin und hilfreiche Gefährtin des Mannes zu sein, den seine Konkurrenten für erfolgreich halten sollen. Ein Mann, der keinen männlichen Erfolg erzielt hat, wird sich in geschlechtlicher Beziehung sehr unzulänglich fühlen. Er wird sich beweisen müssen. Sein ganzes Leben wird eine Serie von Prüfungen sein, bei denen seine Männlichkeit auf die Probe gestellt wird.

Ein wichtiges Problem bei einem Menschen, der sich minderwertig fühlt, liegt darin, daß er Begrenztheiten mit Unzulänglichkeiten verwechselt. Wir sind zwangsläufig begrenzte, endliche Wesen. Nicht jeder von uns ist dazu ausersehen, Universitätsrektor oder meinetwegen auch Erzbischof zu werden. Aber wir sind mit uns selbst nicht zufrieden. Wir halten unsere Begrenztheit für ein Anzeichen von Minderwertigkeit. Wenn wir nicht *alles* können, dann sind wir eben *überhaupt nichts* wert. Wenn wir nicht berühmt werden, sind wir Versager.

Ein beträchtlicher Teil der heutigen Streßsituation kommt daher, daß wir uns bemühen, etwas zu sein, was wir nicht sind, und schließlich wissen wir gar nicht mehr, wer wir eigentlich sind. Wir unternehmen ungeheure Anstrengungen, um zu beruflichem Erfolg zu kommen, weil wir dies – da wir ja von Grund auf minderwertig sind – für die einzige Möglichkeit halten, mit den anderen, die uns überlegen sind, zurechtzukommen.

Ein solcher Leistungsdruck ist natürlich unrealistisch. Der Student, der sich mit dem Gedanken herumquält, daß seine Doktorarbeit perfekt sein müsse, ist davon überzeugt, ein so unzulänglicher Student zu sein, daß nur eine perfekt gelungene Dissertation die gegen ihn gerichtete Verschwörung der Fakultätsvorsitzenden zunichte machen könne. Man kann ihm immer wieder versichern, die Fakultät sei einzig und allein daran interessiert, ihm sein Diplom zu geben, damit er endlich von der Universität verschwinde. Man kann ihm sogar sagen, er sei ein vielversprechender Student, er solle jetzt bloß noch das letzte Kapitel seiner Dissertation abschließen. Aber er weiß es besser: Die Fakultät ist darauf aus, ihn hereinzulegen, denn sie durchschaut ihn, sie kennt seine Schwächen, und er muß, um nicht vor aller Augen entlarvt zu werden, weit mehr tun, als seine Fähigkeiten eigentlich zulassen. Für einen Menschen, der sich minderwertig fühlt, ist unverzügliche Perfektion die einzige Entgegnung auf eine bedrohliche Außenwelt. Wenn man nur die leiseste Schwäche durchblicken läßt, gibt man sich den am Himmel kreisenden Raubvögeln preis. Im Laufe der Jahre bekommt der Student immer mehr Konkurrenzgefühle, er muß ständig seine Kommilitonen beobachten, weil sie natürlich alle darauf aus sind, ihn hereinzulegen, seine Schutzmaske abzureißen und ihn als den Betrüger und Versager zu entlarven, als der er sich selbst empfindet. Er merkt es vielleicht selber gar nicht, aber er wird von diesen Gefühlen beherrscht. Man kann sich vorstellen, was für ein Ehemann er einmal wird.

Die Wurzel des Minderwertigkeitsgefühls bei diesem Studenten liegt in seiner häuslichen Erziehung. Egal, was er tat, er bekam von den Eltern nie ein Lob. Er entsprach ihren Anforderungen nicht. Und wenn er sich über diese Tatsache nicht klar wird, dann wird er sich bis an sein Lebensende minderwertig vorkommen. Er wird sich verstecken müssen, er wird sich niemandem hingeben können, denn der erste Hingabeversuch gegenüber seinen Eltern war ja zurückgewiesen worden. Wie kann er glauben, für jemanden anziehend zu sein, wenn er für seine Eltern nicht anziehend war?

In Wirklichkeit sind wir alle anziehend. Es gibt, jedenfalls außerhalb von Heilanstalten, keinen Menschen, der nicht auf irgend jemanden anziehend wirkt. Und es gibt, abgesehen von schweren Mißbildungen, keinen menschlichen Körper, der völlig unattraktiv wäre. Der Gedanke, daß der eigene Körper attraktiv sei, ist für viele Menschen sogar erschreckend, für manche so sehr, daß sie alles tun, um an Anziehungskraft einzubüßen [das augenfälligste Beispiel dafür ist übermäßiges Essen]. Menschliche Anziehungskraft hängt wirklich nicht vom Aussehen oder von den Maßen bestimmter Körperteile ab. Besonders bei jungen Menschen findet man oft eine körperliche Vollkommenheit, die überwältigend attraktiv sein kann, wie schal sie auch in Wirklichkeit sein mag. Echte menschliche Schönheit entsteht aus einer Verbindung zwischen dem Körperlichen und dem Seelischen, die sich gegenseitig beeinflussen. Glamour-Fotografen haben beobachtet, daß von einem bestimmten Lebensalter an [sie nennen das Alter von etwa fünfundzwanzig Jahren] die Anziehungskraft mehr von der Persönlichkeit als vom Körperlichen abhängt. Mit anderen Wor-

43

ten: Ob wir schön sind oder nicht, das entscheiden zu einem beträchtlichen Teil wir selber.

Diese Vorstellung hat etwas Beunruhigendes. Nicht nur die Formung unseres Charakters, sondern auch unsere körperliche Attraktivität hängt von uns selbst ab. Vollwertig oder unzulänglich sind wir nicht wegen des Körpers, mit dem wir ausgestattet sind, nicht einmal aufgrund unserer Erfahrungen, die wir im Laufe der Zeit gesammelt haben, sondern vor allem aufgrund der Wahl, die wir treffen, der Entscheidung zwischen Scham und Selbstachtung. Wenn wir uns für minderwertig halten wollen, dann werden wir auch ganz sicher physisch wie psychisch minderwertig sein. Aber wenn wir in irgendeinem noch so kleinen Winkel unseres Wesens fest von unserer Vollwertigkeit überzeugt sind, dann wird uns die Scham nicht davon abhalten, daß wir menschliche Wesen mit unwiderstehlicher Anziehungskraft sind.

Einer der Fehler, die aus diesem Unzulänglichkeitsdenken stammen, besteht darin, daß man sich Maßstäbe setzt, die gänzlich unangemessen sind. Ein tüchtiger, intelligenter Student, der ein ausgezeichneter Lehrer an einer Schule sein könnte, nimmt ein solches Amt nicht an, weil man ihn dazu erzogen hat, einen Lehrstuhl an einer berühmten Universität anzustreben. Natürlich fühlt er sich minderwertig, weil er nicht dem – falschen – Maßstab entspricht, den er sich gesetzt hat. Oder eine Frau hält sich für nicht weiblich genug, weil ihr Busen nicht die Proportionen aufweist, die ein Pin-up-girl vorzuzeigen hat. Dadurch entgeht ihr die Tatsache, daß ihre Körpermaße *für sie* genau richtig sind und daß sie, wenn sie anders proportioniert wäre, nicht fraulicher, sondern weniger fraulich wirken würde. Unzulänglichkeit und Scham fallen uns nicht einfach so zu; letztlich sind wir selbst dafür verantwortlich.

Aber warum könnten wir so dumm sein, uns minderwertig und schüchtern fühlen zu wollen? Unzulänglichkeit ist, wie sich herausstellt, sehr nützlich, und übertriebenes Schamgefühl hat große Vorteile. Scham und Unzulänglichkeit sind triftige Entschuldigungsgründe dafür, daß wir nicht aus unseren selbsterrichteten Schranken auszubrechen versuchen. Wenn wir das übertriebene Schamgefühl aufrechterhalten können, erweist es sich als eine Kraft, die uns davor bewahrt, das Risiko der Freundschaft auf uns zu nehmen. Scham rechtfertigt unsere Gefühlskälte; Gefühlskälte verstärkt wiederum unser Schamgefühl. Wir sind nicht gut genug, jemandes Freund sein zu können. Wir wollen nicht versuchen, jemandes Freund zu werden. Wir werden energisch allen freundschaftlichen Annäherungen anderer Menschen widerstehen. Und wenn wir in unserer Gefühlskälte etwas Routine entwickelt haben, werfen wir anderen Leuten Gefühlskälte vor. Wir bieten uns ihnen auf eine Weise dar, daß sie gar nicht anders können als uns abzuweisen. Gefühlskälte ist dann nicht unser, sondern ihr Versagen.

Herzenskälte ist mit körperlicher Gefühlskälte oder Frigidität eng verbunden. Ein frigider Mensch ist nicht fähig, sich jemand anderem offen und vertrauensvoll hinzugeben. Unsere Angst vor sexuellem Versagen ist lediglich der Brennpunkt der viel größeren Angst vor menschlichem Versagen. Scham ist die Angst davor, vielleicht nicht gut genug zu sein, um von anderen Menschen positiv beurteilt zu werden, und schon gar nicht gut genug, um auf die freundlichen Aufforderungen anderer eingehen zu dürfen.

Was würde aber wohl geschehen, wenn wir nicht gefühlskalt wären? Was würde passieren, wenn wir nur ein klein wenig von unserem Wesen offenbaren würden? Wir könnten vielleicht die Kontrolle verlieren. Womöglich würde dann auch unser übriges Wesen auftauen, und dann ständen wir da, ausgesetzt, nackt, und jeder könnte uns so sehen, wie wir wirklich sind. Unsere Unzulänglichkeit wäre allen offenbar. Wir könnten nicht mehr vor den verächtlichen Blicken und dem spöttischen Gelächter der anderen fliehen.

Scham wird allgemein für eine typisch weibliche Angelegenheit gehalten, und physiologisch mag sie öfter bei Frauen als bei Männern in Erscheinung treten. Ein Mann kann leichter zum Orgasmus gelangen als eine Frau, wenn auch Orgasmusfähigkeit und Gefühlskälte durchaus zusammentreffen können. Die Nymphomanin und der Don Juan sind menschlich frigide; ihre sexuelle Aktivität ist bloß ein Abwehrmechanismus gegenüber ihren nagenden Zweifeln und Ängsten. Beide sind Kinder geblieben, die nie Erwachsene werden konnten. Einerlei, wie viele Orgasmen sie haben, sie sind ihrer Sexualität niemals sicher. Sie werden von quälenden Zweifeln an ihrer Menschlichkeit geplagt, wissen um ihre Unzulänglichkeit und schämen sich ihrer.

Die einzige Möglichkeit, die Scham zu überwinden, besteht darin, daß wir uns anderen gegenüber offenbaren. Wir müssen begreifen lernen, daß die anderen uns nicht als ein Sammelsurium von Organen, Charakterzügen, beruflichen Fähigkeiten oder ökonomischen Leistungen betrachten, sondern als *Persönlichkeit,* deren Wert die

Körperform oder das Bankkonto weit übersteigt. Die wichtigste Entscheidung, die jeder von uns im Leben zu fällen hat, betrifft die Frage, ob wir gewillt sind, allmählich die Reaktionen anderer Menschen uns gegenüber zu akzeptieren – besonders derjenigen Menschen, denen wir versuchsweise so viel von uns anvertraut haben, daß sie sich unsere Freunde nennen können. Wenn wir gewillt sind, unseren Freunden die Gelegenheit zu geben, uns zu helfen, und wenn wir bereit sind, auch unsererseits das Risiko einzugehen, unsere Freunde zu unterstützen, dann werden wir unsere Scham überwinden können.

Das Schamgefühl hat im Körper einen festen Wohnsitz: Es wurzelt letztlich im Gefühl sexueller Minderwertigkeit, erzeugt dabei aber ein allgemeineres Gefühl persönlicher Minderwertigkeit. Einige moderne Psychologen sind zu der Ansicht gelangt, die Lösung dieses Problems wäre ein direkter Angriff auf das physische Schamgefühl. Gegenseitiges Berühren, Betasten, Streicheln und Massieren gilt als gesundes Mittel gegen übertriebene Scham. Diese Philosophie erreichte ihren Höhepunkt bei einer Versammlung des Weltkirchenrates in Uppsala, wo ein Verfechter dieser Theorie den Delegierten vorschlug: «Laßt uns nicht beten, laßt uns einander berühren!» Und die Zeitschrift *Psychology Today* veröffentlichte einen Artikel, in dem die ausgefallensten Behauptungen hinsichtlich des Erfolgs von Nackt-Langstreckenläufen aufgestellt wurden.

Man wird sicher nicht abstreiten wollen, daß sehr viele Menschen einen großen Nachholbedarf an körperlichem Kontakt haben. Es könnte weit mehr Berührungen und Umarmungen in unserem Leben geben, als das momentan der Fall ist. Außerdem gibt es in manchen Teilen der

Welt wohl mehr Scheu vor Nacktheit – und Nacktheits-
fanatiker –, als gut und sinnvoll ist. Andererseits bedeutet
eine überspannte Begeisterung dafür, sich die Kleider
vom Leib zu reißen und einander zu befummeln, weder
für kulturelle Probleme noch für persönliche Schwierigkeiten eine Lösung. Wenn wir uns minderwertig fühlen,
dann nicht nur sexuell, sondern im allgemeinmenschli-
chen Sinne. Marathonläufe ohne Bekleidung und ähn-
liche Aktionen geben uns sicherlich starke gefühlsmä-
ßige Impulse – wie das auch bei Marihuana und LSD der
Fall ist –, aber es gibt keinen Grund zu der Annahme, daß
derartige Impulse besonders hilfreich für die Bewälti-
gung der komplizierten Beziehungen zwischen physischer und psychischer Scham sind, die unser Wesen entscheidend beeinflußt. Wenn übertriebenes Schamgefühl
also überhaupt überwunden werden kann, dann nicht
durch dramatische Aktionen, sondern vielmehr durch
vorsichtiges, geduldiges und mutiges Verhalten und
durch die feste, beharrliche Forderung, daß unser Freund
ebenfalls bereit sei, das Risiko einzugehen. Denn
Freundschaft beruht zwangsläufig auf Gegenseitigkeit.
Es genügt nicht, daß wir selber Risiken auf uns nehmen,
wir müssen solche Risiken auch vom Partner verlangen.
Wenn man einmal intensiver über die Schwierigkeiten
freundschaftlicher Beziehungen nachdenkt, wundert
man sich allmählich immer weniger darüber, daß es so
wenige Freundschaften auf der Welt gibt.

Freundschaft und Übertragung

Es gibt viele Möglichkeiten, einer Freundschaft aus dem Wege zu gehen; aber wie man das tut, ist nicht dem Zufall anheimgestellt. Wir benutzen dazu bestimmte psychodynamische Techniken, die uns in die Lage versetzen, andere Menschen von uns fernzuhalten und uns dabei auch noch im Recht zu fühlen. Die dramatischste und wirksamste Abwehr gegen eine Freundschaft ist ein Vorgang, den die Psychoanalytiker Übertragung nennen.

In psychoanalytischer Terminologie bedeutet Übertragung derjenige Prozeß, bei dem wir den Therapeuten an der Stelle eines Elternteils sehen. Obgleich das Phänomen der Übertragung eine ganz bestimmte Bedeutung in der psychoanalytischen Literatur hat [zumindest eine einigermaßen bestimmte Bedeutung, denn Psychoanalytiker können sich anscheinend nur schwer auf Definitionen einigen], ist es auch die Manifestation einer Art menschlichen Verhaltens, die man als nahezu universell bezeichnen kann. Die ungelösten Probleme unserer familiären Vergangenheit dringen, wenn wir dies zulassen, in jede unserer zwischenmenschlichen Beziehungen ein. Anstatt den anderen Menschen als einen potentiellen Freund zu betrachten, stellen wir ihn verzerrt dar, machen aus ihm jemanden, der er in Wirklichkeit gar nicht ist, statten ihn mit den Eigenschaften aus, die uns an unserem Vater oder unserer Mutter geärgert hatten, und überschütten ihn dann entsprechend mit unserem unterdrückten Haß und Zorn.

Wenn wir uns auf eine solche Verzerrung gut verstehen [wie das bei den meisten Menschen der Fall ist], dann suchen wir uns als Partner jemanden, der imstande ist, in uns genau diejenigen Charaktereigenschaften herauszufinden, mit denen er bei seinen eigenen Eltern nicht zurechtkam. Auf fabelhaft neurotische Weise verschwenden wir dann alle Energien dieser Beziehung darauf, gegen Ersatzeltern zu kämpfen und den jeweiligen Partner dabei zu ignorieren. Wenn man einen Mann und seine Frau ständig streiten sieht, meint man, die Mutter des Ehemannes gegen den Vater der Ehefrau kämpfen zu sehen.

Die Kindheit ist die Zeit, in der wir zum ersten Male Vertraulichkeit, Intimität kennenlernen, eine Erfahrung, die für viele von uns alles andere als befriedigend ist. Aber während wir uns durch die Kinderzeit hindurchschlagen, lernen wir bestimmte Methoden, mit den Problemen der Intimität fertigzuwerden. Diese Methoden umfassen möglicherweise die Offenheit gegenüber anderen Menschen, wahrscheinlicher aber handelt es sich dabei um ausgeklügelte Mittel und Wege, vor anderen Menschen zu fliehen. Wenn wir im Erwachsenenleben mit Intimität in Berührung kommen, fallen wir zurück auf die Verhaltensmodelle unserer Kindheit. Wenn diese Modelle nicht von Offenheit und Vertrauen geprägt waren, errichten wir hastig Schranken, die uns vor denen, die uns nahekommen wollen, schützen sollen, Schranken, die uns vor unseren Eltern oder unseren Geschwistern schützen sollten und die nun bewirken, daß wir den potentiellen Freund zu einem Ersatz für Eltern oder Geschwister machen.

Dieser Prozeß des Verzerrens und Vertauschens ist sehr subtil. Wenn wir ihn einmal in Ruhe betrachten, erkennen wir, wie unglaublich geschickt das menschliche Unbewußte ist. Zunächst einmal suchen wir solche Menschen als unsere Freunde aus, die uns an unsere Eltern erinnern, was nicht unbedingt ein Problem ist, weil wir in solchen Freunden auch einige der Eigenschaften wiederfinden, die unsere Eltern anziehend machten. Aber wir werden wahrscheinlich auch Eigenschaften entdecken, die denjenigen ähneln, die wir bei unseren Eltern fürchteten und haßten, so daß wir einen Grund haben, auch die Freunde zu fürchten und zu hassen. Dann beobachten wir das Verhalten des Freundes selektiv, damit es in unser unbewußtes Paradigma der Eltern oder Geschwister paßt. Das heißt, wir betonen die Eigenschaften, die den Freund unseren Eltern ähnlich machen, während wir die Eigenschaften, die denen unserer Eltern unähnlich sind, ignorieren. Schließlich, und das ist das Raffinierteste, sucht unser Unbewußtes sich die schwachen Stellen im Charakter unseres Freundes heraus; es probiert, horcht und schnüffelt, um festzustellen, welche Arten von Druck wir auf ihn ausüben müßten, damit er sich uns gegenüber neurotisch verhält, mit anderen Worten: welche Seiten seines Wesens so verdreht werden können, daß er nicht nur als Elternteil betrachtet werden kann, sondern sich sogar so ähnlich verhält wie unsere Eltern sich uns gegenüber verhalten haben. Wir verleiten ihn also dazu, uns nicht seine beste, sondern seine schlechteste Seite zu zeigen. Wir gewinnen seine Mitarbeit für die Entstellung seines Wesens, und er tut vielleicht dasselbe bei uns. Wir drängen ihn in eine Situation, wo das, was bei ihm am meisten neurotisch ist, zum beherrschenden Merkmal wird. Um mit ihm in eine Art pseudo-intimer Beziehung zu treten, zwingen wir ihn dazu, das Beste in ihm teilweise zu zerstören.

Diese Praxis ist zugegebenermaßen teuflisch. Wenn man sich in ihr verfangen hat, staunt man darüber, wie subtil und wie wirkungsvoll sie ist. Zwei Menschen, die sich dazu entschlossen haben, einander vertrauensvoll zu begegnen oder die zu solcher Vertraulichkeit gezwungen sind, werden sich entweder voreinander bloßstellen oder sie werden gemeinsam an gegenseitiger Entstellung arbeiten. Zwischen Selbstoffenbarung und Verzerrung scheint es keinen Mittelweg zu geben.

Paradoxerweise können dieselben Partner in beide Richtungen gehen. Es gibt Ehen, in denen Mann und Frau geschickt genug wären, im Partner entweder das Beste oder das Schlechteste hervorzubringen. Häufig entscheiden sie sich für das Schlechteste, obgleich sie in den ersten Ehejahren nur um Haaresbreite davon entfernt sind, das Beste zu bewirken. Zum Beispiel kann ein Mann fürchterlich unsicher in Bezug auf seine Männlichkeit sein und doch, wenn seine Frau ihn nur ein klein wenig ermutigt, sehr schnell wieder Selbstvertrauen gewinnen. Umgekehrt geht es seiner Frau ebenso: Wenn der Mann ihr immer wieder versichert, daß sie schön sei, wenn er sie als schöne Frau behandelt und von ihr verlangt, daß sie sich entsprechend verhält, dann wird sie werden, was er von ihr glaubt. Wenn sie die Männlichkeit ihres Mannes lobt und ermutigt, dann wird er sich schnell zu dem entwickeln, was sie wünscht. Wenn sie ihn aber ständig ankeift, an ihm herummäkelt und seinen schüchternen Annäherungsversuchen ausweicht, wird sie seine Männlichkeit vernichten. Das Gleichgewicht zwischen beiden ist empfindlich. Gewöhnlich verpassen sie den Gleichtakt um Haaresbreite: Der Mann startet einen Freundschaftsversuch, wenn die Frau gerade sehr ängstlich ist, und die Frau wirbt um den Mann, wenn er sich vor ihr fürchtet. Wenn sie jemals, aufgrund einer kleinen Fehlkalkulation, beide die Initiative ergreifen würden, um den Tanz der Angst in einen Tanz des Vertrauens zu verwandeln, wären sie möglicherweise nicht mehr in der Lage umzukehren. Aber Gleichtakt wird anscheinend sorgfältig vermieden.

Der Tanz der Angst geht, so muß man annehmen, gewöhnlich unbewußt vor sich. Aber wenn man genauer hinsieht, entdeckt man, daß er doch nicht völlig unbewußt verläuft, daß es viele Frauen gibt, die im Grunde wissen, welche Art von Unterstützung ihr Mann braucht, um seiner Männlichkeit sicher sein zu können. Man kann sie dazu bringen, daß sie, vielleicht aus Versehen, sehr deutlich formulieren, wie sie sich verhalten müßten, um das Ich ihres Mannes zu stärken. Aber diese Information unterdrücken sie schleunigst. Wenn ihr Mann Vertrauen in seine Männlichkeit gewinnt, dann fällt es sehr viel schwerer, ihn über sich selbst zu täuschen und sein Bild zu entstellen. Wenn man ihm gestattet, die Ritzen in seiner Rüstung zuzustopfen, dann wird die gesamte Übertragungs-Neurose in ihrer Partnerbeziehung geschwächt. Und das will die Frau auf keinen Fall riskieren.

Ähnlich verhält es sich bei den meisten Männern: Sie sind durchaus nicht so unglaublich stupide, wie man annehmen könnte, wenn man sieht, wie sie ihre Frauen behandeln. Aber wenn sie das Selbstvertrauen ihrer Frauen stärken wollten, würden sie damit sehr viel mehr von sich preisgeben als sie zu riskieren bereit sind. Mann und Frau könnten einander helfen, wirklich zu sich selbst zu finden, dazu aber müßten beide damit aufhören, einander gegenseitig systematisch zu entstellen.

Ein außenstehender Beobachter denkt vielleicht, welche ekstatische Freude es bedeuten würde, einer Frau dabei zu helfen, mehr Vertrauen zu ihrer Weiblichkeit und Anziehungskraft zu bekommen; er kann nicht begreifen, wieso ihr Mann sich ihr gegenüber teils nörgelig, teils gleichgültig verhält. Er stellt sich gern vor, er wäre in der Lage des Ehemannes und würde mit beharrlicher Festigkeit und Gefühlswärme die Frau zum Leben und zum Blühen bringen. Aber für den Außenstehenden ist ein solcher Gedanke natürlich einfach. Er vergißt leicht, daß Nörgeleien und Indifferenz in Wirklichkeit ein Anzeichen für Furchtsamkeit sind. Und er übersieht die Tatsache, daß, wenn er sich in der gleichen Lage befände, seine eigene unsichere Männlichkeit ganz genauso in Gefahr wäre wie die des Ehemannes.

Wenn wir einen Freund verzerrt darstellen, so ist das also keineswegs unbewußt oder unbeabsichtigt. Die Verzerrung wird um so stärker, je mehr unser Partner und wir uns der Entscheidung nähern, die Schranken der Furcht zu durchbrechen, die uns umschließen. Wir brauchen uns nicht gegenseitig zu entstellen, wenn wir eine bestimmte Distanz zueinander haben oder wenn die leise Hoffnung besteht, daß wir einander von Furcht oder Scham befreien können. Auf die ungelösten Konflikte mit unseren Eltern kommen wir nur dann zurück, wenn wir uns jemanden, der möglicherweise durch den dichten Schleier sehen kann, mit dem wir uns umhüllt haben, vom Leibe halten wollen.

Das Wesen der Übertragungs-Neurose ist die Herstellung eines dichten Netzes von Schädigungen, Beleidigungen und Verärgerungen. Unser Unbewußtes läßt sich tatsächlich davon überzeugen, daß der Freund eine Wiedergeburt der Eltern oder Geschwister sei, wenn wir imstande sind, eine lange Liste aufzustellen, die alle Angriffe enthält, die der andere gegen uns vorgetragen hat. Es ist gut, wenn man diese Angriffe ganz genau und ständig im Kopf behält, denn wenn wir bei der Registrierung der Beleidigungen, die wir erduldet haben, nachlässig werden, dann kann es geschehen, daß wir eines Tages den anderen so sehen, wie er wirklich ist und nicht als den Eltern- oder Geschwister-Ersatz, zu dem wir ihn gemacht haben. Wenn das geschieht, könnte es notwendig werden, daß unsere Begegnung sich zu einer echten Freundschaft entwickelt. Wir müssen jede Anstrengung unternehmen, um das zu verhüten und die Verzerrung nicht als solche offenbar werden zu lassen. Wenn sich Echtheit und Offenheit einschliche, wären wir gezwungen, unsere Ängste und unsere Scham zuzugeben und das Wagnis der Freundschaft mit dem anderen einzugehen. Wir würden das sein müssen, was wir wirklich sind.

Der Abwehrmechanismus der Übertragung ist außerordentlich boshaft. Er ignoriert die Warmherzigkeit und Güte des anderen, ignoriert, wer und was er in Wahrheit ist. Er hält sich an den schwachen Punkten des anderen fest und bläht sie auf. Unsere eigene Neurose verbindet sich mit der Neurose des anderen zu einer Kette, mit der wir ihn am Boden halten. Wir nehmen nicht nur als Beleidigung auf, was er gar nicht als Beleidigung gemeint hatte, sondern wir zwingen ihn sogar dazu, uns anzugreifen, was er nicht getan hätte, wenn er wirklich er selbst sein könnte. Unser eigenes Glück wird dabei ebenso zerstört wie seines. Und natürlich arbeiten wir gemeinsam mit ihm begeistert daran, unser Glück zu zerstören.

Wie kann man nun der Verzerrung der Wirklichkeit, wie sie bei einer Übertragungs-Neurose entsteht, entkommen? Der erste Schritt dazu ist die Anerkennung der Möglichkeit einer solchen Verzerrung. Eigenartigerweise ist diese Anerkennung der schwierigste Schritt von allen. Selbst psychologisch gebildete Leute finden es schwierig, zuzugeben, daß sie ein Unbewußtes haben und daß ihr Unbewußtes einen starken und vielleicht beherrschenden Einfluß auf ihr Verhalten ausübt. Andere Menschen mögen vielleicht ihre Ehegatten oder Freunde in Ersatz-Eltern oder -Geschwister verwandeln, aber uns käme so etwas nie in den Sinn. Wir haben keine emotionalen Probleme, lediglich rationale, und damit haben wir eigentlich nichts zu tun, denn schuld daran sind die anderen Leute. Wenn unser Partner nur seine Schuld zugibt und sein Verhalten ändert, werden wir in unserer Freundschaft keine Probleme haben.

In Wahrheit muß man aber sagen, daß für jede zwischenmenschliche Beziehung, die nicht zu einer Freundschaft werden kann, beide Partner die Verantwortung tragen. Nur wenn jeder von beiden freimütig zugibt, daß er möglicherweise über beträchtliche unbewußte Kräfte verfügt, die einer echten Freundschaft hinderlich sein können, wird man Fortschritte erzielen. Nur wenn wir uns auf das konzentrieren, was wir selbst zu unseren Streitereien beigetragen haben, gibt es Hoffnung auf eine gute Lösung.

Auch sollten wir uns darüber klar sein, daß gerade dann,

wenn wir zornig auf unseren Partner sind, die größte Chance dafür besteht, daß die von uns errichteten Barrieren zusammenbrechen. Unser Partner macht uns dann am ärgerlichsten, wenn er uns bei den Stellen angreift, wo wir am empfindlichsten sind. Wenn wir in einem solchen Moment einmal nicht auf die Art seines Ausbruchs achten, sondern darauf, was er tatsächlich sagt, dann könnte sich herausstellen, daß er uns in Wirklichkeit deutlich machen will, daß unsere Befürchtungen grundlos sind und er uns seine Zuneigung zeigen will, wenn wir ihm dazu eine Gelegenheit geben. Vielleicht hat er nicht genügend Mut, so etwas ausdrücklich zu sagen; aber im Augenblick des größten Ärgers will vielleicht gerade das zum Ausdruck kommen.

Furcht erzeugt Furcht; Mißtrauen erzeugt Mißtrauen; Verzerrung erzeugt Verzerrung. Und Offenheit, sei sie noch so gering, kann mehr Offenheit erzeugen; Vertrauen, sei es noch so schwach, kann mehr Vertrauen erzeugen; und der Glaube an den eigenen Wert kann sich steigern und auch den Glauben an den anderen erzeugen. Eine Übertragung macht unsere Einladung an den Freund zunichte, nimmt unser Geschenk wieder zurück und bricht unser Versprechen. Sie verzerrt das Bild des Freundes und bringt nicht das heraus, was gut, sondern das, was weniger gut an ihm ist. Sie nutzt seine Angst, sein Schamgefühl aus. Sie gibt ihm keine Gelegenheit zur Freude. Wir offenbaren uns dem anderen nicht, verführen ihn aber dazu, sich uns zu offenbaren. Eine solche Übertragung ist das letzte Gitter im Gefängnis, ein Gitter, das besonders unüberwindbar scheint, wenn wir nach draußen blicken und dabei sehen, wie die Welt außerhalb der Gefängnismauern eigentlich sein könnte.

Verlorenes Freundschaftsspiel

Eins der traurigsten Bilder, das man gelegentlich im Fernsehen zu Gesicht bekommt, ist eine Sportmannschaft, die die Lust verloren hat, das Spiel zu gewinnen. Vielleicht handelt es sich um ein Spiel, in dem die Mannschaft schon so weit hinter ihrem Gegner zurückliegt, daß es keinen Zweck mehr hat, sich anzustrengen; vielleicht war es auch während der ganzen Spielsaison schon so, oder vielleicht ist es gerade am Ende der Saison, wenn man unter besonderem Druck steht. Aber einerlei, welche Umstände dazu geführt haben mögen: Ein Team, das nicht den Wunsch hat, zu gewinnen, ist eine groteske Karikatur seiner selbst. Es bewegt sich stolpernd, begeht verhängnisvolle Fehler, verliert sein Selbstvertrauen und scheint schließlich nur noch darauf bedacht zu sein, der gegnerischen Mannschaft den Sieg auf einem silbernen Tablett zu überreichen.

Die Mannschaft, die sich selbst zu zerstören sucht, ist ein ausgezeichnetes Symbol für solche Menschen, die alles tun, um im Freundschaftsspiel zu verlieren. Die Mannschaft, die ihr Selbstvertrauen eingebüßt hat, haßt ihren Trainer und will ihre völlige Unfähigkeit beweisen, bemüht sich aber gleichzeitig darum, alle diejenigen zu strafen, die für diese Unfähigkeit verantwortlich sind: Vereinsvorstand, Fans oder Journalisten. Der Verlierer beim Freundschaftsspiel, der kein Vertrauen zu sich selbst hat, will diejenigen strafen, die vorgeben, ihn zu lieben; emsig bereitet er seine eigene Vernichtung vor, gibt aber anderen die Schuld daran.

Niemand ist ein geborener Verlierer, aber manche Menschen haben Kindheitserfahrungen, an denen sie ihr Leben lang schwer zu tragen haben. Sie sind außerordentlich begabt, vielversprechend, charmant, aber ständig verlieren sie. Ihre Ehen sind nicht glücklich, ihre Freundschaften nicht dauerhaft, ihre Berufe unbefriedigend. Sie träumen, besonders unter Alkoholeinfluß, von dem, was sie eines Tages einmal tun werden – aber die Wirklichkeit ihres Lebens ist langweiliges, monotones Mittelmaß.

Sie verlieren, weil sie verlieren wollen. Tief in den unbewußten Winkeln ihres Wesens stecken machtvolle Bedürfnisse nach Versagen und nach Haß auf diejenigen, die ihnen erzählen wollen, Versagen sei unnötig. Sie *kennen* das Gegenteil. *Versagen* ist unbedingt wesentlich. Wenn sie nicht versagen, werden sie nicht fähig sein zu überleben.

Aber warum ist es so wichtig, ein Verlierer zu sein? Was ist so lohnend bei der Selbstvernichtung?

Zunächst einmal bestrafen wir durch Selbstzerstörung alle diejenigen, gegen die wir aggressive Gefühle haben. Zählt irgendjemand auf uns? Will irgendjemand, daß wir Erfolg haben? Haben wir jemand anders ein Versprechen gegeben? Sehr gut! Dann können wir diesen Menschen zu einem Ersatz-Elternteil umfunktionieren und ihn dafür bestrafen, daß er die Unverschämtheit besaß, etwas von uns zu erwarten.

Überdies ist Versagen eine wirkungsvolle Verteidigung gegen das Gefühl der Beklemmung. Wenn ein Erfolg wirklich im Bereich des Möglichen liegt, dann können die Beklemmungsgefühle sehr stark werden. Wir verdienen keinen Erfolg; wir sind nicht gut genug dafür. Außerdem könnte uns jemand den Erfolg wieder streitig machen, wenn er gerade in Reichweite ist. Also versuchen wir es gar nicht erst, lassen wir das, meiden wir das Risiko. Lieber überhaupt nichts versuchen als etwas zu versuchen, was einem dann mißlingt.

Wenn wir wirklich einmal unser Bestes versuchen, wenn wir wirklich ein ernstzunehmendes Versprechen geben, laufen wir Gefahr, daß wir als das erkannt werden, was wir tatsächlich sind, daß wir – der Himmel bewahre uns davor! – kritisiert werden. Die ehrgeizigen und feindlichen Kräfte um uns herum könnten Rache üben. Wenn wir Erfolg haben, dann wird sicherlich irgend jemand versuchen, uns dafür zu bestrafen; aber wir sind zu klug, als daß wir so etwas geschehen lassen würden. Wir selbst werden unsere Feinde strafen und dadurch frustrieren, daß wir versagen; dann können sie uns nichts tun.

Der Verlierer muß ein Hasser sein. Er muß jemand anderen für die Verluste verantwortlich machen. Er muß beweisen, daß irgendeine autoritative Gestalt als böser Geist hinter dem Verlust steht. Der Verlierer ist besessen von der Vorstellung, daß die Autoritätsfigur [wer immer das jeweils sein mag] ungerecht sei.

Allerdings hat er auch die Möglichkeit, mit diesem elterlichen Monstrum gleichzuziehen: Indem er es bis zum letzten Moment warten läßt, kann er seine Unabhängigkeit beweisen, indem er nichts über seine positiven Eigenschaften sagt, kann er es beherrschen, und indem er versagt, kann er die Autoritätsfigur sogar bei anderen schlecht machen.

Schließlich kann der Verlierer seinen Stolz und seine

Selbstachtung dadurch aufrechterhalten, daß er Perfektionist wird. Da ja so viele Feinde darauf warten, über ihn herzufallen, muß er möglichst alles besser machen. Er kann kein Projekt vorzeigen, wenn es nicht absolut perfekt ist. Auf diese Weise kann er Verzögerungen rechtfertigen und nachlässige Arbeiten entschuldigen. Wenn er nur mehr Zeit gehabt hätte, würde er die Angelegenheit perfekt gelöst haben; aber die unfaire Zeitbegrenzung seitens der feindlichen Welt zwinge ihn dazu, etwas zu produzieren, das so weit unterhalb seines Niveaus liege, daß er jede Verantwortung dafür ablehnen müsse. Der Verlierer ist ein mitleiderregendes Geschöpf. Wenn er nur soviel Energie in sein Leben stecken würde wie er in seine Entschuldigungsversuche investiert, könnte er ein bedeutender Mensch sein.

Doch meine Sympathie für ihn wird durch die Tatsache eingeschränkt, daß er auch ein rachsüchtiges, destruktives Wesen ist. Er kann nicht ertragen, daß andere Menschen erfolgreich sind. Er ist ein überragender Kritiker, der ein außerordentliches Geschick darin hat, andere zu vernichten, ohne dabei selbst ein Risiko einzugehen. Er ist ein großer Stammtischprophet, ein Cocktailparty-Theologe, der immer alles Mögliche plant, aber nie etwas ausführt. Er ist viel zu sehr damit beschäftigt, andere Leute schlechtzumachen; und diejenigen, die am meisten unter seinem Zorn zu leiden haben, sind gerade die, die ihn am liebsten mögen und am ehesten bereit sind, sein echtes Selbst und sein wirkliches Talent zu fördern.

Natürlich hat der Verlierer in seiner Kindheit beträchtlichen Schaden erlitten. Angst und Mißtrauen, die zum Wesen des Menschen gehören, sind bei ihm derart pathologisch geworden, daß er sich nur noch verteidigen kann, indem er sich allmählich selber vernichtet. Das Verlieren ist die letzte, äußerste Möglichkeit der Verteidigung. Wir sagen zum anderen: «Ich will mich eher selber vernichten als mich dir preisgeben. Ehe ich das Risiko auf mich nehme, deine Zuneigung zu erwidern, will ich mich lieber selbst erniedrigen und dich damit strafen. Du bist schließlich nichts anderes als die Wiedergeburt meines Vaters oder meiner Mutter, die mich haßte, und indem ich mich selbst strafe, strafe ich auch dich und den mir verhaßten Elternteil. Vielleicht bin ich eine Null, aber du hast mich dazu gemacht, und wir beide werden deswegen leiden.»

Der Verlierer ist sehr geschickt im Arrangieren von Märtyrersituationen. Er schreibt die Drehbücher für seine kleinen Dramen so, daß er selbst als unschuldiges Opfer dasteht, der andere dagegen als Ungeheuer, und dann sucht er noch andere Darsteller aus, die für eine solche Szene geeignet sind. Wie es in dem Stück *Mary, Mary* von Jean Kerr so schön heißt: «Manche Menschen haben ein solches Geschick darin, aus einer unangenehmen Situation das Beste zu machen, daß sie ständig überall unangenehme Situationen schaffen, um dann daraus das Beste machen zu können.»

Der Verlierer wird sich immer Freunde suchen, die mit größter Wahrscheinlichkeit für noch größere und augenfälligere Verluste garantieren. Eine Ehe ist eine großartige Gelegenheit, zu verlieren. Das Unbewußte des Verlierers sucht sich freiwillig einen Ehepartner, der ihm [oder ihr] ein lebenslanges Märtyrertum garantiert. Und wenn durch irgendein Wunder der Ehepartner sich aus seiner Märtyrerrolle löst, muß eine neue Art von Selbstbestrafung gefunden werden. So kommt es dann nicht selten vor, daß die arme fromme Gattin, die sich mit einem gefühlsrohen Alkoholiker-Ehemann abplagen muß, selbst zur Alkoholikerin wird, wenn der Mann sein Laster losgeworden ist. Wenn sie nicht mehr unter *seinem* Alkoholismus leiden kann, erniedrigt sie sich und leidet unter ihrem eigenen.

Viele Menschen haben einen starken Drang dazu, beim Freundschaftsspiel zu verlieren. Schuldgefühle, Furcht, Aggressionstriebe, Ressentiments und Selbsthaß sind so groß, daß systematische Selbstvernichtung die einzig mögliche Strategie zu sein scheint. Wenn jemand sich ihnen nähert und ihren Abwehrmechanismus zu durchbrechen droht, reagieren die Verlierer mit gewalttätiger Feindseligkeit und versuchen alles, um den anderen zu einer Ersatzfigur für den verhaßten Elternteil zu machen. Der Partner muß schon eine außergewöhnlich starke, selbstsichere Persönlichkeit sein, um einem solchen Angriff von Seiten des entschlossenen Verlierers zu widerstehen.

Verlierer bevorzugen zwei Hauptstrategien: Die eine, männlichere Strategie besteht in bösartiger und rachsüchtiger Bestrafung des anderen. Die weiblichere Art besteht in einer Umklammerungstaktik, durch die der andere weniger beherrscht als vielmehr ausgesaugt wird. In beiden Fällen kann dem Verlierer kaum etwas passieren. Er verfügt über eine große Erfahrung im Zerstören von Beziehungen und im Beschuldigen des Partners, für den die Angelegenheit recht unangenehm werden kann. Dieses Urteil mag hart klingen. Für die meisten von uns ist es das Beste, den Verlierer zu meiden. Wir sind kein Partner für ihn, wenn wir nicht über weit mehr als normale Selbstsicherheit verfügen, und wir müssen ihm gegenüber ganz besonders vorsichtig sein, weil seine ersten Versuche, eine Beziehung anzuknüpfen, ihn sehr verführerisch erscheinen lassen. Er braucht offenbar ganz dringend unsere Hilfe und möchte diese Hilfe so gern erwidern. Aber seine anfängliche Reaktion ist lediglich Teil seines geschickt verfaßten Drehbuchs. Wie sehr er auch an unseren Altruismus appellieren mag, wir sollten uns auf nichts einlassen.

Die meisten von uns sind keine Verlierer, wenigstens nicht auf die Dauer, wenn auch in jedem ein Anflug davon steckt. Wir sollten den Verlierer in unsere Betrachtungen über Freundschaft mit einbeziehen und zwar weniger, um uns gegen Verlierer zu verteidigen, sondern um den Verlierer in uns selbst zu erkennen. Inwieweit, so sollten wir uns fragen, ist unser Versagen bei Freundschaften auf ein Bedürfnis nach Selbsterniedrigung und Selbstbestrafung zurückzuführen? Haben wir Schwierigkeiten mit Freundschaften, weil wir das Wagnis und die Selbstoffenbarung fürchten? Strafen wir unseren Freund, weil wir glauben, wir seien für die Freundschaft nicht gut genug? Wieviel Zeit verwenden wir darauf, anderen Menschen von den Schwächen unseres Freundes zu erzählen, um von ihnen Verstärkung und Unterstützung in unserem Kampf gegen ihn zu erhalten? Der Junggeselle in mir ist immer wieder erstaunt über die Dinge, die Eheleute übereinander sagen, häufig hinter dem Rücken des Partners, manchmal auch in seiner Gegenwart. Die Beschwerden und Kritiken werden vielleicht wie im Scherz vorgebracht, aber sie sind viel zu ernst und viel zu vernichtend, als daß sie tatsächlich Spaß sein könnten. Der Ehegatte oder die Ehegattin will den Partner demütigen und damit gleichzeitig sich selbst bestrafen. Es gibt keine bessere Garantie für Bestrafung als einen Freund zu demütigen und keine bessere Möglichkeit, sich bei einer Beziehung eine Niederlage zu sichern, als den Partner in dieser Beziehung lächerlich zu machen. Doch viele Eheleute haben anscheinend die Kunst, sich gegenseitig lächerlich zu machen, perfektioniert. Unglaublicherweise verstehen sie anscheinend gar nicht, was dieses Verhalten über sie und ihre Ehe enthüllt. Vielleicht liegt der Grund dafür in der Tatsache, daß andere Leute sich ebenso verhalten. Die vorstädtischen Cocktail-Parties, bei denen Ehepaare darin miteinander wetteifern, welches Paar sich am eindrucksvollsten zu zerfleischen versteht, gab es bereits lange vor John Updikes Roman *Ehepaare*. Beeindruckend ist an Updikes Schilderung, daß es ihm gelingt, ausschließlich Verlierer zu zeigen, ohne dabei auf das Niveau eines Krawallstücks abzurutschen.

Der Verlierer ist ein *homo americanus*. Natürlich gibt es ihn auch in anderen Gesellschaften; aber die amerikanische konkurrenzbetonte, erfolgsorientierte Mittelstandsgesellschaft hat den Verlierer so häufig werden lassen, daß er schon fast typisch ist. Die deutsch-amerikanische Psychologin Karen Horney hatte recht, als sie vor etlichen Jahrzehnten feststellte, daß die neurotische Persönlichkeit unserer Zeit durch einen Mangel an Wärme, Zuneigung und Liebe entsteht. Menschen, die in Krisenzeiten aufgewachsen sind, neigen besonders stark zum Erfolgsdenken und zu mangelndem Selbstvertrauen. Sie dürfen nicht bloß in ihrem Beruf erfolgreich sein, das wird sowieso von ihnen erwartet, sondern sie müssen mit *allem* was sie tun, Erfolg haben. Die Bedeutung, die dem Erfolg beigemessen wird, lähmt sie. Sie sind durch das

Erfolgsdenken überfordert und ziehen es deshalb vor, zu verlieren, ohne sich an der Jagd nach Erfolg zu beteiligen. Auch in der Ehe ist es sehr viel besser, sich zurückzuhalten und eine Entschuldigung für das Versagen vorzubereiten als sich völlig preiszugeben und dann zu versagen, ohne eine Entschuldigung parat zu haben.

Der Leser mag jetzt vermuten, daß ich in meinem Leben einer stattlichen Anzahl von Verlierern begegnet bin. Diese Vermutung trifft zu. Manchmal habe ich wirklich den Eindruck, daß ich es mit einer ganzen Generation von Verlierern zu tun hatte. Die meisten der jungen Leute, mit denen ich in meinem bisherigen Leben zusammengearbeitet habe, sind nicht risikofreudig gewesen. Sie unterscheiden sich voneinander nur in dem Maße, wie sie bereit sind, Niederlage für Niederlage einzustecken. Erstaunlich erfolgreich sind sie bei der Wahl ihrer Ehepartner gewesen, die ihnen ein Leben der Frustration garantieren [und selbst natürlich auch frustriert werden].

Es ist für einen Verlierer durchaus nicht unmöglich, ein Gewinner, manchmal sogar ein ganz großer Sieger – und damit ein guter Freund – zu werden. Ich weiß nicht genau, worin der Unterschied zwischen Verlierern, die Gewinner werden, und Verlierern, die Verlierer bleiben, besteht; die ersteren verfügen wohl gewöhnlich über größere Vitalität, mehr Lebenshunger, vielleicht auch mehr animalische Energie. Die unheilbaren Verlierer sind anscheinend schon müde und apathisch zur Welt gekommen. Ihre Stimme klingt weinerlich, ihre stärkste Gemütsbewegung ist ein Gähnen, ihre häufigste Ausdrucksform eine Entschuldigung, aber hinter ihrem fast regungslosen Äußeren steckt ein verbitterter, neidischer, böser, rachsüchtiger Mensch, der unfähig zu echter Freundschaft oder wirklicher Kreativität ist, es sei denn, es geschieht ein Wunder oder er unterzieht sich einer ausgedehnten psychotherapeutischen Behandlung. Eine Gesellschaft, die fortwährend eine große Zahl solcher Verlierer unter ihren begabtesten jungen Menschen hervorbringt, ist kaum ein geeigneter Nährboden für Freundschaftsbeziehungen.

Freundschaft als Rhythmus
und Spiel

Die Welt außerhalb der Gefängnismauern aus Scham
und Verzerrung erweist sich als Spielplatz, ein sehr großer und schöner Spielplatz mit einer Tanzfläche. Eine
Jazzband spielt anspruchsvolle Stücke, und auf der Tanzfläche bewegen sich kraftvolle, hübsche Paare in schwierigen Tanzfiguren. Die Bandmusiker müssen sich tüch-
tig anstrengen, um nicht nur die Melodien, die sie selbst
erfinden, musikalisch durchzuführen, sondern auch die
Themen ihrer Kollegen im Kopf zu behalten. Sie müssen
das Talent und die Neigung ihrer Kollegen gut genug
kennen, um beurteilen zu können, welchen Verlauf eine
Melodie nehmen wird. Sie müssen ein gutes Gehör, feine
Empfindungsfähigkeit und eine schöpferische Phantasie
haben, denn sie werden nur dann in Harmonie spielen
können, wenn jeder völlig er selbst sein kann und sich
gleichzeitig in völliger Übereinstimmung mit den anderen befindet.
Ebenso muß auf der Tanzfläche jeder Tänzer seiner eigenen Körperbewegungen bewußt sein und gleichzeitig
die Bewegungen des Partners sorgfältig beachten.
Augen, Gesichtsausdruck, Stimme, Atem, Muskelbewe-
gungen – all das sind Anzeichen für die gegenwärtigen
und künftigen Schritte und Figuren des Tänzers. Der
eine befindet sich derart in Übereinstimmung mit den
Bewegungen des anderen, daß beide Bewegungen zusammen fast wie eine einzige wirken. Die eigenen Tanz-

figuren werden mühelos denen des Partners angepaßt. Dabei ordnet sich der eine dem anderen nicht etwa unter, sondern jeder tanzt für sich und für den anderen.

Auch Freundschaft ist Rhythmus, Stimmungswechsel, Veränderung der Gefühle, der Körperhaltung, eine ständige Bewegung und Gegenbewegung. Ein Hin und Her von Signalen, die die Partner in die Lage versetzen, ganz sie selbst zu sein und gleichzeitig den anderen reicher zu machen. In diesem Verhältnis gibt es keine festgesetzten Regeln oder Vorschriften. Das einzig Beständige ist die Hingabe an die Bewegung.

Doch wenn wir unsere Jazzband oder unsere Tänzer auf dem Spielplatz ansehen, stellen wir fest, daß sie fröhlich sind. Sie arbeiten angestrengt und sie konzentrieren sich stark, aber sie spielen auch. Das, womit sie beschäftigt sind, ist viel zu ernst als daß man es ernstnehmen dürfte, viel zu wichtig als daß es mehr als ein Spiel sein könnte. Die ernsthafte, gut organisierte, durchgeplante, rationale Welt, in der wir arbeiten, versorgt uns einfach nicht mit der Freiheit, der Spontaneität, der Entspanntheit, die für eine Freundschaft nötig ist. Wenn Menschen nicht fähig sind, spielerisch miteinander umzugehen, kann keine Freundschaft zustandekommen.

Ich gehörte einmal einer Gruppe von Leuten an, die eine Freundschaftsverbindung untereinander anstrebten, die aber in einem Netz von Furcht und Haßgefühlen, das aus ihren familiären Erfahrungen resultierte, gefangen waren. Sehr oft gingen diese Leute an einen Ort, der wie geschaffen für einen Spielplatz war: Dort gab es Wasser, Sand, Wellenreiten, Boote, Tennisplätze, Golf- und Baseball-Plätze, und doch waren sie nicht fähig, miteinander zu spielen. Obgleich an diesen Wochenenden praktisch nichts los war und obgleich die meisten dieser Leute jede Nacht zehn Stunden schliefen, fuhren sie am Sonntagabend erschöpft nach Hause. Wenn sie imstande gewesen wären, miteinander zu spielen, ihre Ängste nicht zu ernst zu nehmen, hätten sie Freunde werden können. Aber sie hatten Angst davor, das Risiko der Freundschaft einzugehen.

Auch wenn man feststellt, wie wenig spielerisch viele Ehepaare miteinander umgehen, kann man nur staunen. Dabei ist die Ehe ihrem Wesen nach zum Spiel bestimmt. Aber viele Menschen haben sich Spiel und Lachen abgewöhnt. Wenn man merkt, wie systematisch und wie wirkungsvoll der Widerstand gegen Spiel und Heiterkeit in der Ehe betrieben wird, kann man sich vorstellen, wie tief unsere Angst vor Vertraulichkeit sitzt und wie machtvoll die Abwehrmechanismen sind, die wir gegen die Freundschaft errichtet haben.

Rhythmus verlangt Spielfreudigkeit, und Spiel hat seinen eigenen Rhythmus. Der Rhythmus des Spiels ist nicht leicht zu erlernen, wenn es auch äußerlich den Anschein hat. Ein Team von Berufsfußballspielern, eine Ballettgruppe, ein Ehepaar, das geübt darin ist, sich gegenseitig herauszufordern und zu stimulieren – all das sieht ganz einfach aus, und doch gehört dazu sehr viel Anstrengung und Übung, bis man soweit ist, mühelos spielen zu können. Wenn die Fußballspieler, die Tänzer oder die Ehepartner nach den ersten Fehlern schon aufgegeben hätten, wäre es nie zu der jetzigen Harmonie gekommen. Freunde, die das Bemühen um spielerischen Rhythmus vorzeitig aufgeben, sind Feiglinge. Wenn sie ein klein wenig von sich selbst aufs Spiel gesetzt haben, aber nur mit einem Teilerfolg belohnt worden sind, fühlen sie sich desillusioniert und sind enttäuscht. Wenn sie nicht immer sofort Erfolg haben, hören sie auf und fangen etwas anderes an.

Bei der Jazzband wird das Leitmotiv zwanglos von den einzelnen Instrumenten nacheinander übernommen, und beim Tanz übernimmt zunächst der eine, dann der andere Partner die führende Rolle. Ähnlich ist es in der Freundschaft; auch hier übernehmen wir wechselseitig die Führung. Einmal ergeben wir uns, ein andermal siegen wir. Einmal verführen wir, das nächste Mal werden wir verführt. Die ekstatische Freude in diesem Verhältnis beruht wahrscheinlich auf dem Austausch von Rollen.

In einer Freundschaft sollten also die Stimmungen, Rollen und Akzente niemals nur dem einen von beiden Partnern überlassen bleiben. Eine Freundschaft kann nicht von Dauer sein, wenn der eine alles gibt, der andere alles nimmt. Wir haben vielleicht eine Eltern-Kind-Beziehung oder ein Abhängigkeitsverhältnis, aber wir haben keine Freundschaft, wenn der eine Partner fast immer der Beherrschende ist, während der andere sich vorwiegend passiv verhält. Auch Abhängigkeitsverhältnisse können einigermaßen stabil sein, wenn die neurotischen Bedürfnisse beider Partner sich auf anscheinend relativ befriedigende Weise treffen. Aber was diese Verhältnisse auch immer sein mögen, Freundschaften sind es nicht, denn echte Freundschaft kann es nur zwischen Kollegen geben, die gleichrangige Partner sind.

Allerdings besteht eine starke Tendenz dazu, in eine Freundschaft eine Art der Arbeitsteilung einzuführen, die dem einen Partner in der Mehrzahl der Fälle die herrschende Rolle, dem anderen Partner öfter die passive

Rolle zuschreibt. Durch diese Arbeitsteilung wird das Leben leichter. Diese Tendenz ist besonders offenkundig bei Ehen in der westlichen Gesellschaft, wo man vom Ehemann erwartet, daß er der aggressive Teil, von der Ehefrau, daß sie der unterlegene Partner sei – obgleich die sexuelle Lust für den Mann wesentlich größer ist, wenn sich in seinen Aggressionsdrang starke Elemente von Ergebungswilligkeit mischen und für die Frau wesentlich ekstatischer, wenn sie den Mann sowohl beherrschen als auch sich ihm unterwerfen kann.

Eine Ehe wird möglicherweise sehr viel ergiebiger sein, wenn der Rhythmus von Nachgeben und Besiegen nicht mit einer Arbeitsteilung verknüpft ist; aber die Risiken einer solchen ungebundenen Beziehung sind beträchtlich. Es scheint daher sehr viel sicherer, die an sich wünschenswerte Androgynie oder Mannfraueinheit zu ignorieren. Denn nur wenn ein Mann seiner erfolgreichen Männlichkeit sicher ist, kann er die weibliche Dimension seines Wesens zur Entfaltung kommen lassen. Nur wenn der Mann weiß, daß er stark und fest sein kann, ist er auch fähig, sanft, zärtlich, sensitiv und passiv zu sein. Und nur wenn eine Frau weiß, daß sie warmherzig, zärtlich, einfühlsam und ruhig sein kann, wird sie auch stark, aggressiv und wagemutig sein.

Die volle, reife Menschlichkeit ist ja eine Verbindung von männlichen und weiblichen Elementen: stark, potent, kraftvoll und sanft, zart, mütterlich. In einer guten Ehe lernt der Mann von seiner Frau die Kunst der Zartheit, und die Frau lernt von ihrem Mann die Kunst der Kühnheit. Er wird weich und zärtlich, weil sie es nicht nur von ihm verlangt, sondern weil sie es ihn lehrt. Andererseits lernt sie, stark und dynamisch zu werden, weil ihr Mann sie in diesen Eigenschaften unterweist. Aber jeder kann gegenüber dem anderen die Lehrerrolle nur dann spielen, wenn das Verhältnis von einer Atmosphäre des Vertrauens und der Spielfreudigkeit getragen ist. Ein Mann findet nur dann den Mut, mit den «sanften» Elementen seines Wesens zu experimentieren, wenn die Situation, in der er sich befindet, Spielcharakter hat. Und eine Frau wird die «harten» Seiten ihres Wesens besonders dann entwickeln wollen, wenn sie sicher sein kann, daß das den Reiz des Spieles erhöht.

Die androgyne Persönlichkeit läuft nicht vor der Selbstoffenbarung davon, sondern freut sich darüber. Sie wird auch nicht bei dem Gedanken an künftige Freude von Angst gequält, sondern will jegliches Vergnügen, dessen sie habhaft werden kann. Das Bedürfnis nach Androgynie im erfolgreichen Geschlechtsverkehr ist so offenkundig, daß man kaum darauf hinzuweisen braucht. Wenn der Rhythmus des Gebens und Nehmens im Ehebett nicht ein Symbol für ein sehr viel umfassenderes Geben und Nehmen innerhalb der gesamten ehelichen Beziehung ist, dann bedeutet er nicht nur im Ehebett wenig, sondern hat wahrscheinlich kaum eine lange Lebensdauer. Auch in Freundschaften, die keinen ehelichen Charakter haben, ist der Rhythmus zwischen den beiden Partnern wichtig und erfordert fast ebensoviel Androgynie wie eine Ehe.

Freundschaft muß eine Art Komödie sein. Wenn das Lachen, das Abenteuer, die Spannung, die emotionelle Befreiung des Komischen aus einer Freundschaftsbeziehung herausgelöst werden, ist das Risiko groß, daß die Freundschaft zu einer Tragödie wird. Freundschaft ist eine sehr ernsthafte Angelegenheit, deshalb bleibt den beiden Freunden nichts anderes übrig als Komödianten zu sein.

Eine junge Frau, die mit einem ziemlich komplizierten Gefühlsproblem zu kämpfen hatte, machte ihrem Mann hinsichtlich seiner Reaktion ein besonderes Kompliment: «Er nimmt mich sehr ernst, aber er regt sich über meine Tränen nicht auf.» Die Persönlichkeit seiner Frau war also heilig und mußte mit Ehrfurcht und Respekt behandelt werden; aber ihre Tränen waren zum Lachen. Der junge Mann war ein sehr geschickter Liebhaber, der über ihre Befürchtungen lachen konnte, ohne dabei die Frau auszulachen. Und weil er das konnte, erhöhte er ihre Selbstachtung und machte ihr klar, daß ihre Ängste absurd waren. So muß es bei allen Freunden sein. Wir müssen Gelächter und Ehrfurcht zu verbinden suchen. Unser Freund muß für uns eine Quelle ständigen Vergnügens sein, ohne daß wir uns über ihn lustig machen. Er muß immer vergnügt sein, ohne dabei töricht zu wirken, und immer ein Komödiant, aber nie ein Clown sein.

Autoren wie Sam Keen, Robert Neale und Harvey Cox haben kürzlich darauf hingewiesen, daß der Mensch nicht dann wirklich Mensch ist, wenn er in der ernsten, technisierten Arbeitswelt befangen ist, sondern erst dann, wenn er staunt, spielt, lacht.

Es gehört zu den sublimen Paradoxen der menschlichen Persönlichkeit, daß die Komödie ein notwendiges Vorspiel der Ekstase ist.

Freundschaft durch Schweigen

Das kontemplative Leben ist in der modernen Welt höchst gefährdet. Berufungen in Klöster gibt es anscheinend kaum noch. Viele Mönche meinen, die Türen der Klöster müßten geöffnet werden, um die übrige Welt hineinzulassen. Gruppendiskussionen haben die Reflexion ersetzt, und alle möglichen jungen Leute versichern einem, daß das Gespräch die einzige Form des Gebetes sei, die sie brauchen. In einer mythologischen Welt, als der Mensch noch an das Heilige glaubte, mochten Reflexion und Kontemplation angebracht sein; aber in der modernen Welt brauchen wir Gruppendiskussionen. Mit der Kontemplation ist es aus.

Wirklich? Der Zen-Buddhismus ist anscheinend recht populär. Eine beachtliche Anzahl junger Leute verbringt jeden Tag etliche Stunden mit Meditation und Kontemplation in ihren Colleges. An der Universität von Chicago haben die Schüler des schweigenden indischen Mystikers Maherbbaba einen weitreichenden Einfluß. Die Mystik, die man für tot gehalten hatte, ist anscheinend auf einmal sehr lebendig. Die Menschen haben entdeckt, daß sie Zeit für das Alleinsein und das Schweigen brauchen, wenn ihre Tätigkeit in der Welt mehr sein soll als seichter Aktionismus. Das Beharren der frühen Denker auf dem Bedürfnis nach Kontemplation wird allem Anschein nach empirisch gerechtfertigt. Das kontemplative Leben, das man gestern erst begraben hatte, ist heute offenbar recht lebendig.

Eine Gruppe junger Männer und Frauen, die ich kenne, entschied sich nach einer Zeit der lebhaften Diskussion und emsigen Tätigkeit, wieder «altmodisch» zu werden und Perioden der Einsamkeit und des Schweigens einzuhalten. Die Einsamkeit war eine schmerzliche, aber sehr hilfreiche Erfahrung für sie, weil sie dadurch gezwungen wurden zu erkennen, wie seicht und oberflächlich ein großer Teil ihrer emsigen Tätigkeit war und wieviel Angst sie davor hatten, einmal ihre Beschäftigungen und ihre Überzeugungen kritisch unter die Lupe zu nehmen. Einsamkeit und Schweigen sind die einzigen Mittel gegen Oberflächlichkeit. Ein Mensch, der nicht schweigen kann, wird nie etwas anderes als oberflächlich sein können.

Schweigen ist notwendig für eine Freundschaft. Nicht das Schweigen zweier Menschen, die nicht miteinander sprechen, weil sie sich nichts zu sagen haben oder die nicht miteinander reden wollen, weil sie wirkungsvolle Schranken aus Zorn und Haß gegeneinander aufgebaut haben, sondern die Schweigsamkeit von Freunden, die ihrer gegenseitigen Beziehung so sicher sind, daß sie darüber nicht zu reden brauchen, ja, daß sie überhaupt nicht zu reden brauchen. Solche Freunde spüren im Gegenteil, daß sie durch ihr schweigsames und nachdenkliches Zusammensein wesentlich eindringlicher miteinander kommunizieren als sie das mit tausend analytischen Gesprächen tun würden.

Ehemann und Ehefrau umgeben sich mit Lärm und Geschäftigkeit in ihrer Ehe, denn wenn es Zeiten der Stille gäbe, würden sie entweder einander bekämpfen oder einander in die Augen sehen und dabei feststellen, wie fremd sie einander sind. Und wenn ein Mann und eine Frau entdecken, daß sie nach langen Ehejahren füreinander immer noch Fremde sind, dann ist ihre Ehe entweder ein Fehlschlag, was eine akzeptable Tragödie wäre, oder sie hätte immer noch eine Erfolgschance, was eine völlig unannehmbare Komödie sein könnte.

Deshalb will man der Stille unter allen Umständen aus dem Weg gehen. Nachdenkliches, einfühlsames Schweigen ist mit Oberflächlichkeit unvereinbar, aber Oberflächlichkeit ist eine der besten Garantien dafür, daß wir uns nicht den Ängsten und den Freuden der Freundschaft auszusetzen brauchen. Wir müssen ununterbrochen reden, Lärm machen, damit ja keine Stille eintritt. Wir brauchen nicht über die Enttäuschungen bei unserer Sexualbeziehung zu sprechen. Wir brauchen nicht über die kleinen oder größeren Übel zu reden. Wir brauchen nicht zu verlangen, daß der andere Selbstvertrauen habe. Nur in der Stille kommen solche Probleme zum Vorschein. Schweigen aus Ärger oder aus Gekränktheit kann natürlich sehr nützlich sein, denn dadurch entsteht Selbstmitleid, und Selbstmitleid wiederum schützt und ermuntert das Gefühl der Scham, der Minderwertigkeit, der Ängstlichkeit. Aber das echte Schweigen macht uns klar, wie absurd Selbstmitleid ist, und es zwingt uns zu der Frage, was denn aus unseren Träumen geworden ist, ob vielleicht irgendetwas in uns ist, das unsere Freundschaftsfähigkeit schwächt und uns dazu veranlaßt, unser Geschenk, unsere Einladung, unser Versprechen zurückzunehmen. Kein Wunder, daß die meisten von uns das Schweigen kaum ertragen können, besonders nicht das gemeinsame Schweigen mit Freunden.

Wenn das Schweigen zu lange dauert, könnte es geschehen, daß wir uns in schierer Verzweiflung mit der Bitte um Hilfe an den Freund wenden und feststellen, daß er sich gerade mit der gleichen Bitte an uns wenden wollte. Aber was dann?

Freunde müssen manchmal allein sein, einerlei, ob es sich um zwei Freunde oder um eine Gruppe von Freunden handelt. Und allein sein bedeutet, wirklich für sich sein, zumindest eine Zeitlang nicht gestört werden von irgendwelchen Tätigkeiten, Telefonanrufen, vom Büro, von Babysittern. Es bedeutet nicht Spazierenfahren, Fernsehen, Zeitunglesen oder Radiohören. Es bedeutet Stille, still miteinander allein zu sein. Für viele Partner in zwischenmenschlichen Beziehungen ist eine solche isolierte Stille eine traumatische Erfahrung. Zunächst stellen sie fest, daß sie einander kaum etwas zu sagen haben, und dann, wenn die Stille lange genug dauert, merken sie, daß sie einander weit mehr zu sagen haben als die Zeit oder ihre Kraft erlauben würde. Wie konnte eine Freundschaft so lange andauern, wenn doch so viele Dinge ungesagt geblieben waren? Warum braucht man die Stille, um sich klarzumachen, über wie viele Dinge man mit Stillschweigen hinweggegangen ist? Warum können wir nur in der Stille unsere starke gegenseitige Zuneigung offenbaren? Warum müssen wir uns vom Leben zurückziehen, um wirklich leben zu können? Warum lernen wir erst durch Schweigen sprechen? Wie kommt es, daß wir erst, wenn wir allein sind, unsere Liebe zueinander und zur Welt entdecken?

Die Antworten auf diese Fragen sind ebenso klar wie beunruhigend. Nur in Schweigen und Einsamkeit können wir unsere Ausflüchte aufgeben, und nur, wenn wir schweigend mit unserem Freund zusammen sind, erkennen wir die Schranken, die immer noch da sind. Wenn wir diese Schranken deutlich sehen und auch die wunderbaren Möglichkeiten jenseits der Gitter erkennen, erst dann fangen wir an zu begreifen, wie hoch der Preis ist, den wir zahlen müssen, wenn wir die Angst über die Freude triumphieren lassen.

Ich erinnere mich an einen solchen Rückzugsversuch einer befreundeten Gruppe. Zwischen den Freunden gab es viele trennende Barrieren. Die Konflikte, die ihre keimende Freundschaft bedrohten, wurden immer größer. Ein Rückzug in die Stille hätte leicht einen Wendepunkt in ihren Beziehungen bringen können, aber schon vom ersten Augenblick an sträubten sie sich gegen das Schweigen und Nachdenken. Besonders einer von ihnen, der eine lähmende Angst vor Vertraulichkeit hatte, mußte am letzten Tag der Zusammenkunft etwas ungeheuer Wichtiges tun und verbrachte das ganze Wochenende mit Telefonanrufen, die angeblich mit dieser wichtigen Sache in Zusammenhang standen. Seine Anrufe und seine Geschäftigkeit ermöglichten es ihm, sich der Herausforderung des Schweigens zu entziehen; allerdings verdarb er damit auch allen anderen das gemeinsam geplante Wochenende. Aber niemand hielt ihn zurück: Zum Teil deshalb nicht, weil die Gruppe zu der Zeit jedes Verhalten, auch wenn es neurotisch oder destruktiv war, tolerierte, zum Teil auch deshalb, weil die meisten Mitglieder der Gruppe dem jungen Mann dankbar dafür waren, daß er auch sie vor der Herausforderung der Stille bewahrt hatte. Das Wochenende war für die Gruppe ein Wendepunkt, ein Vorspiel zu ihrem Zerfall.

Einsamkeit ist für eine Freundschaft ebenso wichtig wie das Spiel. Einsamkeit ist am leichtesten, wenn beide Partner vom Spiel erschöpft sind, und Spiel gibt es nur dann, wenn die Einsamkeit uns von der Seichtheit und dem Pseudo-Ernst des Alltagslebens befreit.

Freundschaft und Forderungen

Zu den eher verderblichen Irrlehren unserer Zeit gehört die Empfehlung: «Kümmere dich um dich selbst.» Demnach ist das einzig Wichtige, daß wir tun, was wir wollen, daß wir dabei aufrichtig sind und daß wir niemanden verletzen. Wenn wir uns so «um uns selbst kümmern», hat niemand ein Recht, sich einzumischen, das Gesetz nicht und schon gar nicht unsere Freunde. Was zählt, ist nicht so sehr, ob das, was wir tun, gut oder schlecht ist, ob es uns nützt oder uns schadet, sondern daß wir «wissen, was wir tun». Was das nun ganz genau bedeutet, mag eine offene Frage bleiben, denn nur sehr selten wissen Menschen wirklich, was sie tun. Aber solange man eine Verhaltensweise mit dem Etikett «Sie wissen, was sie tun» bekleben kann, kümmert sich niemand weiter darum.

Ein junger Priester, den ich kenne, beriet eine sehr verwirrte junge Frau, die mit ihrem Liebhaber in ein Appartement gezogen war, um das Wagnis eines gemeinsamen Haushalts einzugehen, das dann für beide in einem emotionalen Chaos endete. Und als er mir das erzählte, versicherte er: «Das ist schon in Ordnung. Die beiden wissen, was sie tun.»

Ganz bestimmt wußten die beiden *nicht,* was sie taten, und die anschließende Tragödie ihrer Beziehung war Beweis genug dafür. Doch die Pointe der Geschichte liegt darin, daß der junge Priester glaubte, er spiele die

Rolle des Freundes, indem er die junge Frau nicht vor dem Kummer warnte, den sie haben würde. Wir sollen unsere Freunde lieben, egal, was für Torheiten sie begehen; aber sie trotz ihrer Verrücktheiten zu lieben, ist etwas anderes, als sie in ihren Verrücktheiten noch zu unterstützen oder sie stillschweigend hinzunehmen. Freundschaft erfordert im Gegenteil, daß wir unsere Freunde herausfordern, das zu sein, was sie wirklich sind, ohne daß wir ihnen bei dieser Herausforderung unsere Zuneigung entziehen. Das ist nicht einfach, zumal die Herausforderungen, denen wir im Leben begegnen, gewöhnlich Vorbedingungen für Liebe darstellen. Eine Herausforderung, die nicht Vorbedingung, sondern Ergebnis der Liebe ist, wird nur mit Mühe angeboten und nur schwer angenommen; aber in jeder Freundschaft, die diese Bezeichnung verdient, bilden Herausforderungen und Ansprüche unabdingbare Elemente.

Es wird heute oft behauptet, Freunde stellten keine Forderungen, und ein Freund sollte seinen Partner ganz und gar akzeptieren, wie er ist. Wenn jemand seinem Freund nicht zustimmt oder ihn zurechtweist, heißt es gleich: «Behandelt man so einen Freund?» Die einzige Antwort auf eine solche Frage lautet: «*Nur so* behandelt man einen Freund.»

Freundschaft verlangt, daß wir Forderungen stellen. Sie verlangt, daß wir vom Freund fordern, sich uns zu enthüllen, sein Versprechen uns gegenüber zu halten, sein Geschenk nicht wieder zurückzunehmen, seine Einladung nicht zu widerrufen. Und ebenso wie wir Forderungen an unsere Freunde stellen müssen, können wir erwarten, daß unsere Freunde auch an uns Forderungen stellen werden.

Die Notwendigkeit freundschaftlicher Forderungen ist besonders offenkundig, wenn wir die eheliche Freundschaft betrachten. Der Ehemann muß seine Frau dazu herausfordern, Frau zu sein. Wenn sie in physischer oder psychischer Frigidität befangen ist, muß er verlangen, daß sie aus dieser Frigidität ausbricht. Natürlich sind seine Forderungen sanft, zärtlich, einfühlsam, aber sie sind auch beharrlich. Wenn er solche Forderungen nicht stellt, ist er einfach kein Mann. Er hat es zugelassen, daß seine Frau ihre Frigidität als Waffe benutzt, um ihn zu entmannen. Eine Frau muß ihrerseits von ihrem Mann verlangen, daß er sich nicht durch seinen Beruf daran hindern läßt, auch noch ein ehelicher Liebhaber zu sein. Wenn die Karriere seine gebieterische Geliebte wird, muß die Ehefrau ihren Mann dazu verführen, wieder ins eheliche Schlafgemach zurückzukehren. Ihre Forderungen an ihn müssen dann diskret, subtil und delikat, aber durchaus gebieterisch sein. Wenn sie solche Ansprüche nicht erhebt, ist sie keine Frau mehr.

Ich muß hierzu eigens bemerken, daß ich sehr erstaunt darüber bin, wie leicht viele Frauen ihren Mann an die Geliebte «Berufserfolg» verlieren. Es gibt wohl kaum eine Frau, die die Achillesferse ihres Mannes nicht genau kennt. Sie kann, wenn sie will, sehr schnell eine wackelige, zitternde Gelee aus ihm machen, die sie bequem in der Hand halten kann, und doch weigert sie sich sehr oft, das zu tun. Wenn ihr Mann sie zugunsten seiner beruflichen Laufbahn vernachlässigt, versucht sie nicht etwa, ihn zu verführen und wieder stärker an sich zu binden, sondern sie hält sich hochmütig zurück und verlangt, anstatt selbst zärtlich zu sein, von *ihm* die Initiative. Man kann daraus nur folgern, daß sie anscheinend den Kampf gegen seine berufliche Laufbahn verlieren will. Denn wenn sie diesen Kampf gewinnen sollte, würde sie ihren Mann unter Umständen bis an ihr Lebensende behalten, und ob das wirklich gut ist, weiß sie nicht so recht.

Wir müssen daher bei allen Freundschaftsbeziehungen verlangen, daß der Freund sich so verhält, wie er wirklich ist. Egal, wie sehr er sich bemüht, unsere Forderungen zurückzuweisen, einerlei, wie geschickt er unsere neurotischen Schwächen manipuliert, um unsere Ansprüche wie die Neuauflagen der elterlichen Forderungen erscheinen zu lassen – wir müssen ihm immer wieder klarmachen, daß wir seine Freiheit respektieren und nicht die Absicht haben, unsere Zuneigung zu verringern, daß wir uns andererseits aber auch nicht mit weniger als seinen höchstmöglichen Leistungen zufriedengeben werden. Wir verlangen nicht das Höchstmaß an Produktivität oder an Erfolg, sondern vielmehr ein Höchstmaß an Menschsein, und diese Forderung ist einfach, kategorisch und unwiderruflich. Es ist nicht nötig, daß unser Freund dieses Höchstmaß schon heute oder morgen erreicht, auch nicht, daß er es jemals zur Perfektion bringt; aber nötig ist, daß er es anstrebt, daß er zugibt, davor Angst zu haben, und daß er auf unsere Forderung nicht ärgerlich oder furchtsam, sondern dankbar und freundlich reagiert.

Eine der größten Schwierigkeiten bei derartigen Forderungen besteht darin, daß wir nie ganz genau wissen, ob sie wirklich ernstgemeint sind, ob wir den Freund vielleicht mißverstanden haben, ob er möglicherweise gar nicht der ist, für den wir ihn halten, und ob nicht das, was wir von ihm verlangen, einem neurotischen Zug unseres eigenen Wesens zuzuschreiben ist. Wenn wir anfangen, so zu denken, haben wir uns offensichtlich in eine sehr verwickelte Lage hineinmanövriert. Aber das Leben ist nun einmal kompliziert, und wir müssen wissen, daß das, was wie echte Forderungen einer wahren Freundschaft aussieht, in Wirklichkeit bloß eine weitere Form neurotischer Selbstverteidigung sein könnte. Wenn das auch eine Möglichkeit ist, die wir nicht ohne weiteres ablehnen können, sollte es allerdings keine Möglichkeit sein, die uns völlig lähmt. Wir müssen zwar hinsichtlich unserer Instinkte vorsichtig sein, besonders dann, wenn sie eng mit unseren eigenen emotionalen Problemen verknüpft sind, aber andererseits bleibt uns nichts anderes übrig, als unseren Instinkten zu vertrauen. Wenn die Beziehung im Grunde stark und tragfähig ist, kann man den Instinkten im allgemeinen vertrauen.

Ich habe den vorhergehenden Absatz geschrieben als einer, der bekennen muß, daß er selbst zeitweise von derartigen Zweifeln geplagt worden ist. Sehr oft habe ich mich gefragt: «Ist diese Herausforderung an meinen Freund wirklich angebracht? Ist sie etwas, das ich nicht nur verlangen kann, sondern sogar verlangen muß?» Ich bekenne, daß mich derartige Befürchtungen manchmal dazu gezwungen haben, still zu sein. Aber wenn ich solche Situationen mir nachträglich noch einmal vor Augen führe, scheint es mir doch ziemlich klar zu sein, daß ich zu Zeiten, wenn ich genügend Selbstvertrauen hatte, auch meine Instinkte in Bezug auf die Forderungen der Freundschaft für richtig hielt. Nur wenn ich mich selber anzweifelte, waren meine Forderungen unpassend. Ich schließe daraus, daß wir mit der Zeit lernen, welche Instinkte zutreffend, welche zweifelhaft und welche gefährlich nahe einer Neurose sind.

Aber selbst wenn wir der Angemessenheit unserer Forderungen ganz sicher sind, ist es doch nicht leicht, sie zu stellen, denn dazu gehören Geduld, Sanftheit, Beharrlichkeit und Festigkeit, und außerdem hat unser Freund sehr wahrscheinlich eine Menge geschickter Verteidigungswaffen, um unsere Forderungen abzuwehren.

Ich muß gestehen, daß ich selbst sehr wenig Vertrauen zu meiner Fähigkeit habe, Sanftheit und Festigkeit miteinander zu verbinden. Ich bin zwar gut im Herausfordern, aber sehr viel weniger gut im Trösten. Mit Frauen kann ich durchaus sanft und zart umgehen und dabei doch beharrlich und fest sein; aber ich habe keine Ahnung, wie ich mit anderen Männern zart und sanft umgehen kann. Mich tröstet dabei nur der Gedanke, daß es in unserer Gesellschaft wenige Männer gibt, die Männlichkeit mit Sanftheit zu verbinden verstehen.

Gegen unsere Forderungen wird sich unser Freund wahrscheinlich mit zwei Verteidigungssystemen zur Wehr setzen. Er wird einmal eine Reihe von Regeln aufstellen, zum andern wird er mit Feindseligkeit reagieren.

Der Versuch, besondere Regeln und Gesetze aufzustellen, ist ebenso subtil wie hinterlistig. Der Freund wird Schwäche, Zerbrechlichkeit, Verwundbarkeit vorschützen. Er würde so gern das sein, was wir von ihm erwarten, aber die Forderung, die wir an ihn stellen, lähmt ihn. Weil er so schwach, so verletzlich ist, muß er um Befreiung von den Regeln der Freundschaft bitten. Wir können nur gelegentlich, nur ganz indirekt und nur ohne Nachdruck etwas von ihm fordern. Die abgehetzte, nervöse Hausfrau, zum Beispiel, muß von unseren Forderungen entbunden werden, eben weil sie eine abgehetzte und nervöse Hausfrau ist. Arme Hausfrau! Sie ist so abgekämpft und erschöpft, daß nur der grausamste Tyrann so hartherzig sein könnte, irgend etwas von ihr zu verlangen. So hält sie ihren Mann und jeden anderen Menschen von sich ab. Ihr Mann bedauert sie, tut alles, was er kann, um ihr die Sache zu erleichtern [obwohl sie zum großen Teil selbst an ihrer Lage schuld ist] und vermeidet eifrig alles, was wie Forderung wirken könnte, sogar den Geschlechtsverkehr. Auf diese Weise benutzt sie ihre Schwäche, ihre Verletzbarkeit und Zerbrechlichkeit, um jeden, der ihr zu nahe kommt, zu beherrschen.

Ihr am nächsten kommt die Frau mit dem ausgeprägten Gerechtigkeitssinn und der Neigung zu Zornesausbrüchen. Niemand wagt sie herauszufordern oder Ansprüche an sie zu stellen, denn dann würde sie losschimpfen und zwar derart, daß jeder in der näheren Umgebung es mithören könnte. Da sie eine so machtvolle Mutterfigur ist und bei vielen der ihr Nahestehenden kindliche Schuldgefühle auszulösen vermag, wird sie von allen gefürchtet, und niemand wagt ihre Urteile anzuzweifeln. Sie ist eine mächtige Frau, die alles beherrscht, und sie lebt in einer sehr einsamen, isolierten, freudlosen Welt.

Die zorngeladene Matrone und die arme nervöse Hausfrau haben beide mit Erfolg bestimmte Regeln für sich aufgestellt. Dies haben häufig auch ihre Ehemänner getan, die wichtige Berufe ausüben und von denen viele Menschen sich abhängig fühlen. Wir wagen nicht, Ansprüche an den Fachmann zu stellen [besonders nicht, wenn er Arzt ist], denn das würde ja bedeuten, daß er seine heilige Verantwortung gegenüber seinen Patienten, Klienten oder Kollegen vernachlässigen müßte. Er möchte sich gern irgendwann einmal menschlich zeigen, aber im Moment geht es leider gerade nicht. Also stellt auch er für sich bestimmte Regeln auf.

Dann gibt es noch den Typ, der sich mit seiner Neurose herausredet, den Menschen, der das Therapiespiel gelernt hat und den angeblichen Rat seines Therapeuten dazu verwendet, um andere zu beherrschen und zu verhindern, daß man Ansprüche an ihn stellt. «Ich würde deiner Forderung gern entgegenkommen», sagt der Spieler des Neurose-Spiels, «aber ich fürchte, ich kann das nicht. Weißt du, ich bin Neurotiker und habe dir gegenüber so einen bestimmten Komplex, und mein Analytiker sagt, ich kann nun nichts anderes tun als damit zu leben.»

Wenn man solche Entschuldigungsgründe hört, erinnert man sich an die biblische Geschichte von den Leuten, die zum Hochzeitsfest eingeladen worden waren. Sie wären wirklich gern gekommen, aber sie hatten großartige Entschuldigungsgründe und verlangten dann, daß die normalen Regeln des zwischenmenschlichen Verhaltens und der Freundschaft aufgegeben werden sollten. Damit, daß man sie in die Finsternis hinausstieß, bekamen sie, was sie verdienten.

Je näher wir daran sind, die letzten Hindernisse zu durchbrechen, die unser Freund aus Angst errichtet hat, desto strenger und unnachgiebiger sind die Forderungen, die er an uns richtet. Vielleicht gibt er das sogar zu, wenn wir ihn einmal dabei erwischen. Als letzte verzweifelte Verteidigungswaffe gegen Offenheit und Vertrauen benutzt er eine Karikatur der Ansprüche einer Freundschaft, um auf diese Weise zu verhindern, daß die Freundschaft eine

Realität wird. Entweder wir zeigen uns flexibel und offen oder wir gestatten dem anderen, uns abzudrängen und das, was eine Freundschaft hätte werden können, in bittere Feindschaft zu verwandeln.

Es gibt Situationen, die wir kräftemäßig einfach nicht bewältigen können, und jemand anders könnte das wahrscheinlich auch nicht. Aber ich fürchte, es gibt auch Zeiten, wo uns ein solcher Durchbruch durchaus gelingen könnte, wenn wir nur etwas geduldiger wären und dem Haß und Zorn unseres potentiellen Freundes mit Ruhe und Festigkeit begegnen würden, ohne ihn allzu ernst zu nehmen. Ich weiß, daß manche Beziehungen, die jetzt nicht mehr bestehen, schon von Anfang an keine Überlebenschance hatten; aber andererseits gibt es auch manche, die ich plötzlich abgebrochen habe, obgleich ich vielleicht nur einige Stunden, Tage oder Wochen hätte Geduld zeigen müssen, um dann einen Freund fürs Leben zu haben. Dafür ist es nun zu spät.

Das Herzstück einer Freundschaft ist es also, Ansprüche stellen zu können. Wer Forderungen an einen Freund zu stellen vermag, der wird viele Freunde haben und geliebt werden. Wer aber nicht genug Selbstvertrauen hat, seiner inneren Stimme nicht vertraut, nicht alles aufs Spiel zu setzen bereit ist und keinerlei Ansprüche an seinen Partner stellt, der wird, so muß man befürchten, überhaupt keine Freunde haben.

Die Grenzen der Freundschaft

Mittlerweile dürfte meine Überzeugung klargeworden sein, daß nur das Paradox eine angemessene Beschreibung der Freundschaft ermöglicht. Freundschaft erregt Schrecken und Entzücken, sie ist ungezwungen und anspruchsvoll, todernst und komödienhaft. Sie ist das Schwierigste im Leben, erfordert völlige Selbsthingabe und verlangt gleichzeitig strenge Beschränkungen. Wir geben uns einander bedingungslos in Freundschaft hin, aber gleichzeitig ziehen wir eine Linie um uns herum, die niemand überschreiten darf, nicht einmal der Freund, ja, man könnte sogar sagen: erst recht nicht der Freund.

In der verwässerten Version der christlichen geistigen Tradition, die ich während meiner Studienzeit zu lernen hatte, steckte noch immer viel Weisheit, aber bei aller Weisheit auch recht viel Torheit. Eine der größten Torheiten war es, aus Selbstverachtung eine Tugend zu machen. Man brachte uns bei, manchmal mit Erfolg, manchmal nicht, uns selbst zu verachten, die Heilige Schrift aus dem Zusammenhang gerissen zu zitieren und stolz zu verkünden: «Ich bin ein Wurm und kein Mensch.» Wir glaubten schließlich, Tugend bestände darin, uns von anderen restlos ausnutzen zu lassen. Wir wurden gezwungen, auch die andere Wange hinzuhalten und vergaßen dabei, daß der Mann, der uns diesen Rat gab, sehr feurig in seinen Verdammungsurteilen und sehr heftig bei der Verteidigung seiner eigenen Person war. Die Sanftmut, von der wir glaubten, sie würde sich über die Welt ausbreiten, produzierte Papageien, die von tyrannischen Pfarrern beherrscht und eingeschüchtert werden konnten. Sie brachte, Gott sei es geklagt, keine erwachsenen Menschen hervor, die in der Lage waren, Entscheidungen zu treffen, Verantwortung zu tragen und sich in Krisenzeiten an starke gemeinsame Verpflichtungen und Überzeugungen zu halten. Sie bereitete uns auch nicht besonders gut auf Freundschaft vor, denn niemand sagte uns jemals, daß eine Fußmatte kein Freund sein kann.

Im vorigen Kapitel habe ich davon gesprochen, daß wir uns den Forderungen unserer Freunde stellen müßten, und in diesem Kapitel sage ich nun, daß wir manchen Forderungen widerstehen sollen; aber dieses Paradox ist nicht so verwirrend, wie es den Anschein haben mag. Wenn wir unseren Freunden Beschränkungen auferlegen, dann erheben wir den wichtigsten Anspruch, den wir überhaupt erheben können, nämlich den, daß der Freund die Unantastbarkeit unserer Persönlichkeit respektiert. Wir werden uns ihm gern völlig hingeben, solange wir das mit menschlicher Würde und Integrität tun können. Wenn er aber verlangt, daß wir unsere Integrität, unsere Privatsphäre, unsere Freiheit aufgeben und so gänzlich ihm gehören sollen, daß wir nicht menschlicher werden, sondern eher unmenschlicher, dann müssen wir uns strikt weigern.

Theoretisch kann man die beiden Arten von Ansprüchen leicht unterscheiden: den Anspruch der Freundschaft, der uns frei macht und uns zu uns selber finden läßt, und die Forderung nach Abhängigkeit, die uns unfrei macht und die Selbstwerdung behindert. Leider ist es in der

Praxis oft schwierig, zwischen den beiden zu unterscheiden, besonders deshalb, weil die beiden Arten von Forderungen miteinander verbunden sein können. Wir müssen deshalb üben, die Signale, die unser Freund sendet, von den Störgeräuschen zu unterscheiden, die die Signale unterbrechen. Die Signale seines echten Selbst an unser echtes Selbst befreien uns; die Störungen neurotischer, regressiver Forderungen aber könnten uns beide unfrei machen. Wir sollten es uns zur Regel machen, innerlich zu fragen, welche Art von Anspruch von seiner besten Wesensseite an unsere beste Wesensseite gerichtet ist und welche Forderungen aus seinem Verteidungssystem stammen und sich an unsere Neurosen richten. Wenn seine Forderung nach Hingabe echt ist, dann müssen wir nachgeben, wenn es auch noch so schwerfällt. Würden wir uns dabei aber selbst aufgeben müssen, dann hätten wir beide den Schaden davon.

Die *Wirklichkeit* muß der Maßstab sein: Wer sind wir wirklich, und wer ist der andere? Wie ist unser Verhältnis zueinander wirklich? Solche Fragen sind leicht zu stellen, aber in dem Aufruhr der Leidenschaft und der Verwirrung einer beginnenden Freundschaft nicht immer leicht zu beantworten. Noch haben wir nicht die Signale und Regelbücher entwickelt, die eine klar verständliche Kommunikation zwischen uns ermöglichen. Die einzigen Hilfsmittel, die uns zur Verfügung stehen, sind Freundlichkeit, Sanftheit und Geduld, und wenn diese Hilfsmittel auch unerläßlich sind, so sind sie doch kein Ersatz für Erfahrung. Wenn man freundlich ist, kann man in einer Freundschaft nichts verlieren; mit ärgerlichen Reaktionen kann man nichts gewinnen. Aber leider haben wir gerade dann, wenn wir die größten Schwierigkeiten bei der Unterscheidung zwischen echt und unecht, wirklich und unwirklich haben, Angst vor Freundlichkeit und Sanftheit und neigen dazu, auf Ärger und Ablehnung als Verteidigungswaffen zurückzugreifen.

Mir selbst fällt es außerordentlich schwer, den neurotischen Forderungen anderer, besonders wenn diese anderen in irgendeiner Weise auf mich angewiesen sind, zu widerstehen. Obgleich ich glaube, diesen Forderungen jetzt etwas besser widerstehen zu können als früher, kann ich es doch noch immer nicht sehr gut. Entweder weise ich die Forderung zornig zurück oder ich verschiebe meinen Ärger auf einen anderen Tag, an dem sich dann möglicherweise kaum eine richtige Gelegenheit für Zornesausbrüche ergibt.

Neurotische Forderungen zurückweisen zu können, ohne dabei den Freund selbst zurückzuweisen, verlangt ein starkes Selbstbewußtsein, das etwa dem entspricht, was der junge Mann besaß, der, wie ich in einem früheren Kapitel erwähnte, seine Frau sehr ernst nahm, nicht aber ihre Befürchtungen und Ängste. Außerdem muß man einen ausgeprägten Sinn für die Realität der Beziehung haben und wissen, wer die beiden Partner wirklich sind, welche Gemeinsamkeit sie verbindet, welche Rollen und welche Werte sie haben. Aber auch wenn man sich selber kennt und sich über das Abenteuer klar ist, auf das man sich mit dem Freund einläßt, ist es doch schwierig, neurotische Ansprüche des anderen abzuwehren, besonders wenn der andere von uns Hilfe und Unterstützung braucht.

Aus dem helfenden väterlichen Freund wird allzu leicht die Vaterfigur, die für alles verantwortlich ist. Die Trennungslinie zwischen väterlicher Unterstützung und väterlicher Herrschaft ist schmal. Und wenn man meint, man sei verantwortlich für das Schicksal eines anderen Menschen, dann hat man diese Grenzlinie überschritten. Ich muß zugeben, daß ich diese Grenze weit mehr als nur einmal überschritten habe und der Rückweg manchmal unerträglich langsam vor sich ging.

Wie bei vielen anderen Elementen einer Freundschaft, so ist auch hier die Trennungslinie mit Bedacht zu ziehen. Auf der einen Seite der Grenze befindet sich das Abwehrbemühen und die Unsicherheit, auf der anderen die ruhige, kühle Sicherheit unserer Realität, der Realität des anderen Menschen und der Realität unserer gegenseitigen Beziehung. Die Grenzlinie trennt auch das Vertrauen in unsere Integrität, verbunden mit der Kenntnis unserer eigenen Bedürfnisse, auf der einen Seite und Grobheit, Arroganz und Gefühllosigkeit auf der anderen. Wir sollten auch der bedauerlichen Tatsache ins Auge sehen, daß wir sehr wahrscheinlich mehr als einmal in unserer Freundschaft die Grenze überschreiten werden. Wie bei jedem anderen Problem innerhalb einer Freundschaftsbeziehung kommt es auch hier darauf an, daß man bereit ist, wieder von vorn anzufangen und daß man sich klarmacht, daß man mit den Fehlern des anderen ebensoviel Geduld haben muß wie er mit den unseren haben soll.

Die Enthusiasten des Sensitivity-Trainings sprechen gern von der «totalen Verfügbarkeit». Obwohl nicht völlig klar ist, was sie eigentlich damit meinen, verhalten sich viele Anhänger des Sensitivity-Kultes, als ob die totale Verfügbarkeit streng im wörtlichen Sinne genommen werden müßte, insbesondere dann, wenn es um die totale

Verfügbarkeit von *jemand anderem* geht. Es gibt zwar einige Interpretationen dieses Schlagwortes, die durchaus akzeptabel sind, aber mir scheint es doch immer noch recht irreführend zu sein. Der Unterschied zwischen der Fußmatte und dem total verfügbaren Menschen ist nicht völlig klar. Ich würde lieber von *realer* Verfügbarkeit sprechen. Damit meine ich eine Verfügbarkeit, die auf dem Respekt vor unserer Würde und Integrität sowie auf der Kenntnis dessen beruht, was bei unserem Freund wirklich echt und was in unserer Beziehung angemessen ist. Totale Verfügbarkeit ist in der Praxis sehr einfach anzuwenden; reale Verfügbarkeit bringt schwierige und versuchsweise Entscheidungen mit sich, Entscheidungen, die, nachdem sie getroffen worden sind, sich oft als völlig falsch erweisen können. Aber ein reifer Mensch weiß, daß er sich entscheiden muß und daß er für seine Entscheidungen die Verantwortung trägt. «Totale Verfügbarkeit» eliminiert, wie alle vereinfachenden Lösungen, das Bedürfnis nach Analyse, Interpretation und Auswahl. Sie hält die Zauberformel für alle Situationen bereit. Sie behauptet, die Welt sei schwarz oder weiß, aber die Welt ist nun einmal grau. Wir müssen Entscheidungen treffen, und einige davon werden zwangsläufig falsch sein. Manchmal werden Beziehungen, die zu Freundschaften werden könnten, durch falsche Entscheidungen möglicherweise sehr geschädigt oder sogar abgebrochen. Daran können wir nicht viel ändern, wir können höchstens die Zwiespältigkeit und die Unsicherheit menschlicher Verhältnisse bejammern. Wir müssen mit aller Kraft versuchen, ganz wir selbst zu sein. Wenn wir Fehler machen, müssen wir daraus lernen, auch wenn das oft nur ein schwacher Trost ist.

Freundschaft und Selbstgefühl

Ich fürchte, daß die meisten vorhergehenden Kapitel
dieses Buches den Eindruck hinterlassen haben, Freundschaft sei ein komplizierter, quälender Prozeß. Ich
möchte nicht bestreiten, daß der Weg zur Freundschaft
schwierig und dunkel ist. Wenn Freundschaft einfach
wäre, gäbe es sehr viel mehr Freundschaften auf der
Welt; aber Freundschaft enthält mehr Schwierigkeiten
als nur die, mit einem Tanzpartner im gleichen Rhythmus zu bleiben. Ich habe vielleicht, weil ein Sozialanaly-
tiker nach den Schwierigkeiten forscht und weil ich bestimmte Erfahrungen gemacht habe, die Angst bei einer
zwischenmenschlichen Beziehung stärker betont als die
Freude, den Schmerz stärker als die Ekstase. Aber damit
kein Mißverständnis entsteht: Freundschaft ist lustvoll.
Sie ist ekstatisch. Der einzige Grund dafür, daß wir den
Preis für Freundschaft zu zahlen bereit sind, ist der, daß
der Gewinn so groß ist. Freundschaft ist ein verwirren-
der, nervenaufreibender, ermüdender Prozeß. Sie bedroht unsere Integrität, unsere Würde, macht das Leben
verwickelt und unsicher, aber es gibt keine andere Möglichkeit, wirklich Mensch zu sein.
Beim Tanz der Freundschaft entdecken wir nicht nur
den Freund, sondern auch unser Selbst. Nur durch
Freundschaft erkennen wir die Fülle unserer Möglichkeiten, wenn nämlich die Bewunderung dieser Möglichkeiten so deutlich auf dem Gesicht unseres Freundes zu

sehen ist, daß wir sie erkennen *müssen*. Freundschaft zwingt uns, wir selbst zu sein, denn sie zwingt uns dazu, das Versprechen zu halten, das wir unserem Freund gegeben haben.

Eine Freundschaftsbeziehung hat etwas Elektrisierendes. Wir sind entspannter und einfühlsamer, zuversichtlicher, aber auch verwundbarer, schöpferischer und nachdenklicher, energischer und gelassener, erregter und heiterer. Wenn wir Kontakt mit unserem Freund aufnehmen, ist es, als kämen wir in eine neue Umgebung, wo die Luft, die wir atmen, reiner, die Töne, die wir hören, deutlicher, die Farben, die wir sehen, intensiver und die Ideen, die uns kommen, anregender sind. Natürlich hat sich die physische Umgebung keineswegs verändert, aber die psycho-soziale Umgebung ist eine andere, weil wir uns jetzt in einer Situation befinden, in der wir nicht nur wir selber sein *dürfen,* sondern wo wir gar nicht anders *können.*

Dieser Prozeß geht sicher nicht so schnell und nicht so spektakulär vor sich wie der, den man durch Narkotika oder Alkohol erzeugen kann, aber er ist befriedigender und dauerhafter. Wenn Menschen Drogen brauchen, um sich aufzuputschen, dann vielleicht deshalb, weil sie keine Freunde haben. Unsere Freunde sind unsere Aufputschmittel, und wenn unsere Bekannten das nicht tun, sind sie wahrscheinlich auch keine Freunde für uns.

Wenn wir es nötig haben, durch Chemikalien Vertrauen zu erzeugen, wenn wir die Angst vor dem Alleinsein nur durch Körperspiele überwinden können, dann müssen unsere Freundschaftsverhältnisse äußerst mangelhaft sein. Ich kenne eine Gruppe von Katholiken, die eine «Marihuana-Messe» feiern. Der Priester und die Gemeinde rauchen nach der Predigt Marihuana, um für den Rest der Messe in einem Hochgefühl zu sein [angesichts der Qualität von Predigten in der römisch-katholischen Kirche von heute sollte Marihuana, wenn es überhaupt verwendet wird, eher vor als nach der Predigt genommen werden].

Diese Leute sind nicht die ersten, die künstliche Stimulanzien benutzen, um ihren Gottesdienst zu intensivieren; allerdings ist nach meinem Verständnis der christlichen Liturgie die Kommunionfeier als *agape* gedacht, als Liebesfest, bei dem die Menschen dadurch in Begeisterung versetzt werden, daß sie sich einander in Nächstenliebe zuwenden. In seinem Brief an die Korinther hat der heilige Paulus einige ziemlich harte Urteile über Leute gefällt, die einen künstlichen Reiz benötigen, um ihre Liebe füreinander zeigen zu können. In der christlichen Gemeinde wurde Freundschaft erwartet, und deshalb war für die Ekstase kein Anreiz erforderlich.

Freundschaft als Reiz hat viele Mängel. Sie erzeugt keine spontane Ekstase. Sie erfordert Anstrengung und Übung, und das Schlimmste von allem: Wir können sie nicht allein bewerkstelligen. Eine Marihuana-Zigarette anzünden, LSD schlucken, Heroin spritzen oder sich mit Alkohol vollzupumpen sind individuelle Tätigkeiten, auch wenn wir sie vielleicht in Gegenwart anderer ausüben. Wir brauchen, um «high» zu werden, nicht die Mitarbeit von anderen. Mit Hilfe der Droge können wir dem Menschenpack entfliehen [und vielleicht wieder auf unseren Baum im Urwald klettern]. Künstlich herbeigeführte Ekstase versetzt uns in die Lage, uns von unseren Mitmenschen abzuwenden. Freundschaft dagegen kann nur in der Gemeinschaft mit anderen Menschen bestehen. In einer Freundschaft macht uns der Partner «high», und wir sind, im existenziellen, nicht im psychologischen Sinne, von ihm abhängig. Der hochmütige, einzelgängerische, arrogante Mensch braucht chemische Ekstase. Er hat nicht nur keine Freunde, er will auch keine. Er hat lieber am nächsten Morgen einen Kater als daß er ständig mit einem anderen Menschen zusammen ist, der möglicherweise beharrliche und unangenehme Ansprüche an ihn stellt.

Freundschaft ist ein Ausbruch, ein Zerbrechen von Ketten, ein Abstreifen von Fesseln, ein Akt der Befreiung. Daß wir gefesselt waren, merken wir vielleicht erst dann, wenn wir die Fesseln abgestreift haben. Die Gefängnismauern bedrücken uns vielleicht gerade deshalb so sehr, weil sie unsichtbar sind; aber wenn unser Freund uns auffordert und dazu bringt, aus den Mauern auszubrechen, dann ist die Erfahrung des Druchbruchs, selbst wenn sie schmerzhaft ist, auch sehr wohltuend.

Freundschaft ist ein Spiel, ein Spiel, das Ausdauer und kraftvolles Üben erfordert. Wir keuchen vor Erschöpfung, aber die Erschöpfung ist angenehm, wenn man ein Training hinter sich hat, das stimulierte, das außergewöhnliche Energien wachrief, das uns unserer Kraft, Ausdauer, Potenz versicherte und mit einem Sieg endete. Und das Schöne beim Freundschaftsspiel ist, daß beide Seiten gewinnen. Freundschaft erschöpft uns zwar, aber sie ermüdet uns nicht bis zum Überdruß. Wir verspüren wohl Schmerzen, aber auch Kraft in unseren Muskeln. Wohl atmen wir heftig, aber unsere Lungen haben sich mit frischer Luft gefüllt. Wir freuen uns über die Verschnaufpause, aber wir wollen danach wieder neu mit dem Spiel beginnen.

Freundschaft, so habe ich am Anfang dieses Buches gesagt, ist Liebe, und wie jede Liebe erfordert sie Glauben und Hoffnung. Ja, Freundschaft erzeugt gerade deswegen Ekstase, weil sie unseren Glauben und unsere Hoffnung bis zum Äußersten herausfordert.

Der Glaube, den die Freundschaft erfordert, ist die Überzeugung, daß man getrost lieben und geliebt werden darf. Nur dann kann man zu glauben wagen, daß Liebe möglich sei, wenn man auch glaubt, daß die Schöpfung nicht absurd ist, sondern ein Geschenk, das man annehmen sollte.

Ein solcher Glaube bedingt einen gewaltigen Sprung über die empirischen Daten, über das Augenscheinliche, über die Grenzen des ängstlichen Ich. Es gibt ja reichlich Beweise dafür, daß Freundschaften nicht funktionieren, und ziemlich überzeugende Beweise dafür, daß niemand uns eigentlich gern mag. Wir sind versucht, auf der persönlichen Ebene das zu tun, was logisch denkende positivistische Philosophen auf der metaphysischen tun: Es ist viel einfacher, die Sprache zu analysieren als sich selbst bei der Begegnung mit dem geheimnisvollen Anderen aufs Spiel zu setzen. Wir müssen einen gewaltigen Sprung des Glaubens tun, um zu sagen, daß Freundschaft für uns möglich ist und sogar sehr lohnend sein kann. Ich halte einen solchen Sprung für noch schwieriger als den Sprung des Glaubens, der uns zu dem Wesen bringt, das der Urgrund aller anderen Wesen ist.

Mein Kollege Van Cleve Morris hat in seinem Buch *Existentialism in Education* die Bemerkung gemacht, der Existenzialist glaube, er müsse so leben, daß, wenn das menschliche Leben auf das Nichts hinausliefe, dies ein ungerechtes Urteil wäre. Das ist ein heroischer Glaubenssprung, der eine Hingabe an die Gnade des Seins enthält, zu der viele Gläubige nicht imstande sind. Ich kann mir vorstellen, daß Morris im existenzialistischen Sprung vielleicht nicht ganz so viele Hingabemöglichkeiten sehen möchte wie ich, aber ich glaube doch, wir beide würden in der Ansicht übereinstimmen, daß auf der Ebene menschlicher Interaktion der existentialistische Zugang zur Freundschaft der einzig geeignete ist. In einer Freundschaftsbeziehung müssen wir so handeln, daß, wenn wir abgewiesen würden, dies eine ungerechte Reaktion wäre. Wir müssen so stark von der Möglichkeit der Freundschaft und vom Guten in uns wie in unserem Freund überzeugt sein, daß ein Mißlingen der Freundschaft nicht der Zaghaftigkeit unseres Glaubens zugeschrieben werden kann.

Ein solcher Glaube erzeugt und erfordert Hoffnung. Gabriel Marcel, der französische christliche Existentialist, sagt, daß Hoffnung die radikale Weigerung sei, dem Möglichen Grenzen zu setzen. Genau diese Art existentieller Hoffnung ist in der Ursache und der Wirkung einer Freundschaft enthalten. Wir wissen natürlich, daß wir beschränkte Geschöpfe sind und daß unsere Möglichkeiten begrenzt sind. Aber wir wollen keine vorzeitige Einschränkung unserer Möglichkeiten zulassen. Wir wollen nicht eher Grenzlinien ziehen, als bis wir unsere Fähigkeiten genau erprobt haben. Zwischenmenschliche Hoffnung erfordert, daß wir uns weigern, der Möglichkeit des Vertrauens und der Selbstoffenbarung in unserer Freundschaftsbeziehung Grenzen zu setzen. Wir wollen an keinem Punkt sagen, das Vertrauen geht bis hierher und nicht weiter. Zu keinem Zeitpunkt wollen wir behaupten, wir hätten uns beide zur vollsten Liebesfähigkeit entwickelt und brauchten uns nun nicht weiter zu bemühen.

Wir neigen gern zu der Annahme, es sei die starke Persönlichkeit, die sich dagegen sträubt, die Selbstkontrolle zu verlieren, und die sich nie ganz preisgibt. Aber ein Mensch, der sich bei einer echten Begegnung zurückhält, ist schwach. Der starke Mensch ist es, der sich einem anderen völlig hingeben kann, auch auf die Gefahr hin, daß er die Selbstkontrolle verliert. Ekstase ereignet sich nur dann, wenn wir «uns gehen lassen», wenn wir außer uns sind, wenn wir die Kontrolle über uns verloren haben. Daß dies notwendig ist, wird am deutlichsten bei einer Ehe. Wenn ein Ehemann oder eine Ehefrau sich beim Liebesakt zurückhält, sich nicht völlig hingibt, dann ist das Ergebnis für beide unbefriedigend und enttäuschend. Die Ekstase, die der Akt eigentlich erzeugen soll, bleibt wahrscheinlich deshalb aus, weil die umfassendere Ekstase der ehelichen Freundschaftsbeziehung ebenfalls zu wünschen übrig läßt.

Freundschaft drängt das Ich aus sich heraus. Wo keine Ekstase ist, da ist auch keine Freundschaft. Die Lust, die wir erleben, beschränkt sich nicht auf psychedelische Farb- und Klangempfindungen. Menschliche Ekstase kann viele Formen annehmen. Die am meisten befriedigende Art von Ekstase ist die, bei der das Ich sich seiner selbst ganz bewußt ist und seine Anziehungskraft und seine Hingabefähigkeit kennt.

Freundschaft und Freiheit

Freundschaft ist der Ausbruch aus einem Gefängnis,
einem Gefängnis, wo wir uns sehr behaglich und bequem fühlen, weil wir es so gut kennen, einem Gefängnis, das wir keinesfalls verlassen möchten, weil wir nicht
wissen, ob wir draußen etwas finden, das genauso gut
ist. Aber bei einer Freundschaft geraten wir in eine andere Art von Falle, eine Falle, die wir freiwillig gewählt
haben, eine Falle, die uns merkwürdigerweise immer
freier macht. Freundschaft beschränkt notwendigerma-
ßen unsere Freiheit. Wer sich dafür entschieden hat, seinem Freund ein Versprechen zu geben, kann dieses Versprechen nun nicht mehr zurücknehmen. Eine solche
Feststellung ist unangenehm für Anhänger der Pop-Psy-
chologie, die anscheinend meinen, sie könnten das «Sich-
um-sich-selbst-Kümmern» mit «totaler Verfügbarkeit»
und «absoluter Freiheit» verbinden. Wie man gänzlich
verfügbar und gleichzeitig völlig frei sein kann, wie man
sich um sich selbst kümmern und zur gleichen Zeit anderen gegenüber sich verantwortlich fühlen kann, ist nicht
ganz einzusehen.

Das Einstehen für übernommene Verpflichtungen ist
eine größere Tugend als völlige Spontaneität. Freiheit ist
wertvoller, wenn sie diszipliniert ausgeübt wird. Unsere
Freiheit in einer Freundschaft wird beschränkt durch die
ontologischen und existentiellen Erfordernisse einer solchen Beziehung; aber diese Beschränkungen machen die

Freiheit erstrebenswerter, eindrucksvoller und reicher als eine Freiheit, die durch kein Verantwortungsgefühl gegenüber dem anderen beschwert ist.

Bei jeder Freundschaftsbeziehung sind wir völlig frei, uns wieder zurückzuziehen, wenn auch die Inanspruchnahme einer derartigen Freiheit verheerend unverantwortlich wäre. Schmerzlicher ist die Vorstellung, daß wir immer auch die Freiheit des anderen zu einem möglichen Rückzug respektieren müssen, sosehr wir auch, wenn er diese Freiheit in Anspruch nähme, seine Verantwortungslosigkeit kritisieren würden. Freiheit in einer Freundschaft enthält die Möglichkeit, daß die Freundschaft einmal endet, und die Angst davor, die in jeder Freundschaftsbeziehung vorhanden ist, muß ehrlich eingestanden werden, wenn man sich nicht hinsichtlich der Freundschaft einer Selbsttäuschung hingeben will.

Doch es gibt unterschiedliche Formen, wie man eine Freundschaft beendet, ebenso wie es unterschiedliche Arten von freundschaftlichem Vertrauen gibt. Der völlige Abbruch einer Freundschaft bedeutet das Ende der Beziehung; doch andere Freundschaften können weitergehen, wenn auch weniger stark und weniger vertrauensvoll, falls die Initiative zur Vertiefung der Freundschaft abgelehnt wird. In beiden Fällen müssen wir die Freiheit des Freundes respektieren, uns entweder teilweise oder völlig abzuweisen.

Eine der schwierigsten Fertigkeiten, die bei einer Freundschaft erforderlich sind, ist die Fähigkeit, zu erkennen, ob ein Anspruch jetzt oder besser zu einem späteren Zeitpunkt erhoben werden sollte. Ob man eine Forderung zeitweise verschieben sollte, läßt sich deshalb so schwer entscheiden, weil die äußeren Umstände, die zu einer solchen Entscheidung führen könnten, gewöhnlich sehr schwer zu bewerten sind.

Ich denke da an eine ehemalige Schülerin von mir, die ich sehr sympathisch fand. Vor nicht allzu langer Zeit veränderte ich den Charakter unserer freundschaftlichen Beziehung dadurch entscheidend, daß ich von ihr verlangte, sie solle sich über einen bestimmten Aspekt ihres Verhaltens gegenüber anderen Menschen einmal klarwerden. Natürlich geht man mit einer solchen Forderung ein Risiko ein, und man erwartet eine ambivalente Reaktion. In diesem Fall war die Reaktion denn auch so merkwürdig, daß ich völlig verblüfft war. Bei den vier oder fünf Gesprächen, die wir über dieses Thema führten, sah ich mich buchstäblich zwei verschiedenen Personen gegenüber. Im ersten Teil des Gesprächs war das Mädchen negativ eingestellt, ein wenig feindselig und behauptete, daß sie das Problem, falls es überhaupt existierte, völlig unter Kontrolle habe. Dann, mitten in der Unterhaltung, weinte und lachte sie, lächelte glücklich und wollte kein Wort mehr sagen. Das Unglaubliche war, daß alle unsere Gespräche ganz genau gleich verliefen. Mir schien, als sei sie einerseits erschreckt darüber, daß ich dieses Thema aufgegriffen hatte, anderseits aber sehr glücklich, daß es endlich zur Sprache gekommen war.

Jede Unterhaltung begann mit der entschiedenen Feststellung, daß sie über dieses Thema absolut nicht mehr sprechen wollte und bestimmt nicht wiederkommen würde. Danach begann die ganze Szene wieder von neuem. Selbst nach mehreren Gesprächen ergab sich keine Änderung, und ich fand kein Anzeichen dafür, daß irgendein Fortschritt stattgefunden hatte.

An diesem Punkt befand ich mich in einer ziemlich schwierigen Position. Ich bin kein Psychotherapeut, und ich möchte auch meine Beratung nicht mit Freundschaft vermischen. Wenn ich mich weiter bemühen würde, die Wurzeln ihres Problems und die Ursachen für ihr widersprüchliches Verhalten bloßzulegen, hieße das, so sagte mir mein Gefühl, die freundschaftlichen Bindungen zu übergehen und mich in Richtung auf eine Therapie hinzubewegen. Auch warnte mich mein Gefühl davor, in diesem Stadium ihres Lebens mehr für sie zu versuchen als ich bereits getan hatte; wenn ich auf meiner Forderung beharrte, würde ich möglicherweise sowohl ihr als auch unserer Freundschaft schaden. Deshalb gab ich es etwas widerstrebend auf, die Angelegenheit weiter zu verfolgen und ließ das Mädchen so tun, als seien die sehr merkwürdigen zweiten Hälften unserer Gespräche nie gewesen. Ich machte ihr deutlich, daß für mich das Problem nach wie vor bestand, versicherte ihr aber, daß sie, zumindest vorläufig, von mir nichts mehr darüber hören würde.

Der Leser mag jetzt denken, ich sei feige, und möglicherweise hat er recht. Als ich jünger war, wäre ich in einem solchen Fall vermutlich kopfüber losgestürzt. Aber mir scheint, das Beste, was ich für meine junge Freundin derzeit tun konnte, war, ihr dadurch zu helfen, daß ich ihre Freiheit, die Irrealität für real zu halten, respektierte. Ich fühle mich bei dieser Entscheidung zwar unbehaglich, aber bei einer anderen Entscheidung wäre mir wahrscheinlich noch unbehaglicher zumute gewesen. Freundschaft erfordert selbstverständlich Aufrichtigkeit, aber sie setzt dabei nicht die Zeit, den Ort und die Art und Weise fest. Sensible und kluge Freunde warten, glaube ich, sehr diskret und diplomatisch den geeigneten Zeitpunkt ab. Wenn wir ein wenig mehr Erfahrung gesammelt haben, merken wir, wie oft ein Zeitpunkt ungünstig ist und wie häufig Impulsivität daher kommt, daß wir selber unsicher und ängstlich sind und die Bedürfnisse unseres Freundes nicht objektiv einschätzen können.

Wenn wir allerdings allzu diskret und allzu vorsichtig auf den geeigneten Zeitpunkt warten, dann kann es geschehen, daß wir ihn verpassen.

Mit Unvollkommenheiten und Unzulänglichkeiten sich abzufinden, gehört also zum Wesen einer Freundschaft. Wir müssen bereit sein, es hinzunehmen, wenn einige unserer Vorstöße zurückgewiesen werden, unser Vertrauen gelegentlich mißbraucht und unsere Einladung manchmal nicht angenommen wird. Derartige Unzulänglichkeiten zerstören eine Freundschaft nicht unbedingt, ja, sie schwächen sie oft nicht einmal, wenn sie sie auch sicherlich am Wachsen hindern. Wenn die Unvollkommenheiten, Zurückweisungen und Mißverständnisse allerdings allmählich überwiegen, stehen wir vor dem zweiten, ernsteren Problem, der quälenden Frage, ob die Freundschaft enden wird.

Ich habe für eine Zeitschrift eine Reihe von Aufsätzen über Freundschaft geschrieben und jedesmal Briefe von Eheleuten bekommen, die mir schrieben, sie wüßten genau, was ich meinte, denn sie selbst seien offen und ehrlich und vertrauensvoll die eheliche Bindung eingegangen, aber ihr Partner habe sie zurückgestoßen, habe auf Vertrauen mit Mißtrauen, auf Offenheit mit Ärger und auf Liebe mit Ablehnung reagiert. Aus jedem Brief ging klar hervor, daß sich der Schreiber oder die Schreiberin völlig im Recht fühlte und daß der Partner sie im Stich gelassen habe. Natürlich wollte jeder, daß ich ihm das bestätigte. Aber diesen Gefallen konnte ich den Leuten leider nicht tun.

Es gibt Beziehungen, in denen jede denkbare Initiative des einen Partners vom anderen kategorisch abgelehnt wird. Diese Beziehungen sind vielleicht nicht allzu häufig, aber sie kommen vor, und Menschen, die darin gefangen sind, verdienen unser tiefes Mitgefühl. Aber in den meisten Fällen bin ich skeptisch, wenn jemand seine Aufmerksamkeit völlig darauf konzentriert, die Fehler des anderen zu analysieren und anscheinend gar nicht merkt, daß er selbst ein beträchtliches Maß an Schwierigkeiten in die Beziehung hineingebracht hat. Wenn eine Freundschaft endet, so glaube ich erst dann an die relative Unschuld des angeblich Zurückgewiesenen, wenn dieser beweisen kann, daß er sich über seinen Anteil an Schuld an der Beendigung der Freundschaft klar ist. Es ist schon beinahe die Regel, daß derjenige, der dem Partner die ganze Schuld zuschieben will, selber einen gehörigen Teil zum Auseinanderbrechen des freundschaftlichen Verhältnisses beigetragen hat. Je mehr jemand seine Unschuld beteuert, desto mehr glaube ich an seine Schuld. Aber warum enden Freundschaften überhaupt? Die augenfälligste Erklärung ist die, daß zwei Menschen, die in einer Beziehung zueinander stehen, nicht aus ihren Verteidigungssystemen ausbrechen können oder wollen. Keiner von beiden ist daran interessiert, ein Risiko auf sich zu nehmen oder echte Anstrengungen zu machen, um die Angst zu überwinden. Das wesentliche Anliegen beider Partner ist, sich selbst zu rechtfertigen und den anderen zu beschuldigen. Unter solchen Umständen sind die beiden bestenfalls als Jugendliche, schlimmstenfalls als Kinder anzusehen, und sie werden für den Rest ihres Lebens kaum etwas anderes sein, es sei denn, es geschieht ein Wunder oder sie begeben sich in psychotherapeutische Behandlung, oder beides. In derartigen Beziehungen stand eine Freundschaft nie ernsthaft zur Debatte.

Die zweite Verkettung von Umständen, die zum Ende einer Freundschaft führen kann, liegt da vor, wo zwar einige Offenheit gegenüber der Möglichkeit von Vertrauen und Lust herrscht, die Partner aber nicht genügend Spannung und nicht genügend Verführungsfähigkeit besitzen, um die Intimität so attraktiv zu machen, daß sie unwiderstehlich wird. Vielleicht haben sie zuwenig Anziehungskraft füreinander, weil sie nicht die gleichen Wertvorstellungen und Lebensziele, die gleichen Interessen und Erwartungen haben; es kann auch sein, daß bei einem bestimmten Stand der Gefühlsentwicklung die gegenseitige Anziehungskraft so versteckt wirkt, daß sie nie ganz deutlich wird. Solche Freundschaften werden wohl nicht mit Anschuldigungen und Zorn enden, sondern eher allmählich abklingen.

Die dritte Art des Abbruchs freundschaftlicher Beziehungen ist tragischer und schmerzlicher. Die beiden Partner üben eine starke Anziehungskraft aufeinander aus. Sie haben einander erfolgreich aus dem bequemen Gefängnis ihrer Ängste herausgelockt. Sie haben inmitten ihrer Ängste auch die Lust erfahren. Vielleicht sind sie schon nahe am Wendepunkt, aber leider haben sie immer noch Befürchtungen. So wachsen Groll und Haßgefühle, gegenseitige Anschuldigungen und alle komplizierten unbewußten Tricks werden benutzt, um den Freund in einen Vater- oder Geschwisterersatz umzufunktionieren. Das Bemühen um gegenseitige Beschuldigungen ist von größter Wichtigkeit, und beide Partner weigern sich strikt, ihren eigenen unbewußten Anteil an den Streitigkeiten zuzugeben und zu untersuchen, welche Fehler sie selber gemacht haben könnten. Die Schuld des anderen soll dargestellt und von diesem zugegeben und eingestanden werden; nur dann, wenn der andere für alles, was mißlungen ist, die Schuld auf sich nimmt, kann die Freundschaft wieder aufgenommen werden. Die Möglichkeit der Existenz unbewußter Kräfte muß energisch bestritten werden. Es ist unvorstellbar, daß man selber an dem Streit unbewußt maßgeblichen Anteil hatte und daß man ebenso schuld an den jetzigen Schwierigkeiten ist wie der Partner.

Ich fürchte, viele Freundschaften zerbrechen genau an diesem Punkt. Vielleicht trennen sich die beiden Freunde mit einem spektakulären Ausbruch, oder [besonders wenn sie verheiratet sind] die Freundschaft sinkt auf ein niedriges Niveau von Bedürfnisbefriedigung ab, und die Beziehung schleppt sich langweilig dahin, nur zeitweise durch Anflüge von Leidenschaft oder Zorn belebt. In dieser Situation brauchen die beiden Freunde dringend die Hilfe von jemand anderem, nicht von einem Schiedsrichter, der urteilt, was richtig ist, oder von einem Vermittler, der sich um einen Kompromiß bemüht, sondern vielmehr eine Art Resonanzboden, mit dessen Hilfe sie objektiv feststellen können, was eigentlich geschehen ist. Allerdings sollte man dabei nicht zu fest mit einem Erfolg rechnen.

Aber es gibt noch eine vierte Art, wie Freundschaften zerbrechen können. Es ist gut möglich, daß der Partner, einerlei, wie verführerisch unsere Einladung, wie vollkommen unser Geschenk, wie umfassend unser Versprechen sein mag, einfach nicht echt reagiert. Unter diesen Umständen, das muß man ganz klar sehen, hat man keine andere Wahl als aufzuhören. Es gibt zwangsläufig ein Höchstmaß dessen, was wir an Frustration und Ablehnung vertragen können, ohne daß unsere Integrität und unsere Selbstachtung zusammenbricht. Ein Mensch, der sich selbst in einer Freundschaft preisgibt, nachdem klar geworden ist, daß er, egal, was er tut, mit keiner echten Reaktion rechnen kann, setzt seine Persönlichkeit in unzumutbarer Weise aufs Spiel. Vielleicht hält er sich für stark genug, dabei nicht verletzt werden zu können, aber damit betrügt er sich selber. Er sollte sich schleunigst zurückziehen.

Es ist sehr schwierig, sich mit einer Zurückweisung abzufinden, besonders wenn die Angelegenheit nicht völlig klar ist – und das ist sie in zwischenmenschlichen Beziehungen nie – und wenn man genau weiß, daß man selbst alles andere als unschuldig an den Problemen ist. Aber noch einmal: Wir sollten uns unseren echtesten und gesündesten Instinkten anvertrauen, und wenn diese Instinkte sagen: «Hör auf!», dann sollten wir auch so schnell wie möglich aufhören.

In solchen Situationen ist es erforderlich, die Freiheit des anderen unbedingt zu respektieren und sich entschieden zu weigern, wegen des Partners in Verzweiflung auszubrechen. Nur wenn wir uns so verhalten, sind wir imstande, uns damit abzufinden, daß wir für den anderen nichts mehr tun können, ohne uns selber zu schaden. Aber natürlich wird es eine Zeitlang dauern, ehe man sich von dem Abbruch freundschaftlicher Beziehungen erholt hat.

Wenn eine Freundschaft zu Ende ist, sollte man dennoch versuchen, deutlich zu machen, daß man immer noch auf die Möglichkeit eines Neubeginns hofft, daß man sich bemüht, immer noch für den anderen da zu sein. Es ist schwer, ein solches Gefühl der Warmherzigkeit und Bereitschaft mitzuteilen, besonders wenn man gerade ein starkes Gefühl von Erleichterung hat, aus der Klemme herausgekommen zu sein, in der man sich befunden hat. Viel Hoffung auf einen Neubeginn der Freundschaft besteht zwar nicht, aber etwas immerhin, besonders dann, wenn wir diejenigen sind, die die Beziehung beendet haben. Oft werden wir vom Partner gezwungen, ein Verhältnis abzubrechen, weil wir erkannt haben, daß eine Weiterführung uns beiden schaden würde; aber die Tatsache, daß wir es abgebrochen haben, verstärkt lediglich die Überzeugung des anderen, daß wir ihn schon die ganze Zeit gehaßt hätten, und es gibt absolut nichts, was seine Überzeugung erschüttern könnte.

Die Möglichkeit eines derartigen Traumas liegt in jeder vertraulichen Beziehung zwischen zwei Menschen. Wenn wir uns allmählich besser auf den menschlichen Charakter verstehen, wenn wir uns selbst gegenüber empfindsamer werden und auch anderen gegenüber einfühlsamer, werden solche Traumata seltener. Wir sind vorsichtiger beim Anknüpfen freundschaftlicher Beziehungen. Wir werden wählerischer bezüglich der Wesensart von Menschen, mit denen wir zu tun haben. Wir kennen uns selber genau genug, um zu wissen, daß es viele Persönlichkeitstypen gibt, mit denen wir nie vertrauliche Beziehungen pflegen könnten. Wir lernen, unsere Freunde auszuwählen und verringern dadurch die Möglichkeit eines Abbruchs der Freundschaft.

Wie man sich einen Freund wählt

Freundschaft ist eine Entscheidung, eine Auswahl: wir richten unser Augenmerk mehr auf diese als auf jene Person. Freundschaft bedeutet eine lange Reihe von Entscheidungen hinsichtlich der nächstfolgenden Schritte. Sie erfordert die Entschlossenheit, allen Hindernissen zum Trotz vorwärts zu drängen. Freundschaft ist die Ausübung eines Wahlrechts, zu der niemand uns zwingen kann.

Wir wählen ungern. Wir bemühen uns, das Wahlrecht zu ignorieren, um der Entscheidung enthoben zu sein. Wir versuchen, der Umwelt die Entscheidung zuzuschieben. Wir tun alles Mögliche, um uns der Verantwortung zu entziehen. Die Computerbesessenheit [es gibt ja sogar Ehen, die mit Hilfe des Computers zustandegekommen sind] ist eine spaßige Illustration für die Flucht des Menschen vor der Qual der Wahl. Wenn wir doch nur den Computer für unser Schicksal verantwortlich machen könnten! Wenn wir doch nur nicht mit den Folgen unserer Entscheidungen leben müßten! Wenn wir doch nur der Vorstellung ausweichen könnten, daß alles viel besser wäre, wenn wir uns anders entschieden hätten! Wenn wir doch nur stark genug wären, um für uns selbst Verantwortung zu tragen!

Und doch ist Freundschaft immer noch eine Entscheidung. Wir können bei dieser Entscheidung nicht ausschließlich rational vorgehen – das können wir ja bei kaum einer Entscheidung –, aber es besteht auch kein Grund dafür, sich irrational zu verhalten. Wir berechnen die Freundschaft nicht mathematisch, aber wir schieben die Verantwortung auch nicht unseren ungefilterten Emotionen zu. Zweifellos besteht eine Art elektrischer Spannung zwischen Freunden, eine instinktive Reaktion, die feststellt: «Hier ist Freundschaft möglich.» Mit zunehmender Erfahrung lernen wir auch diesen Instinkt besser kennen und merken, wann die knisternde Spannung trügt. Wir sollten unseren Instinkten zwar nie gänzlich mißtrauen, sollten uns aber andererseits auch nie ausschließlich auf sie verlassen.

Unsere Freundschaft wird eine Krise nur dann überstehen, wenn wir gemeinsame Wertvorstellungen, Interessen und Ziele haben. Wenn es aber nichts gibt, worüber wir mit unserem Freund sprechen könnten, wird die Freundschaft nicht viel Sinn haben. Wir sollten in der Lage sein, die Probleme unserer Beziehung ruhig, objektiv und verständig zu diskutieren. Wir sollten fähig sein, gemeinsam zu arbeiten, und wir sollten uns aufeinander verlassen können. Vor allem aber sollten wir imstande sein, miteinander zu spielen, munter und fröhlich, ohne uns dabei verlegen und unbehaglich zu fühlen. Wenn wir uns in solchen Situationen dabei ertappen, daß wir uns von unserem Freund innerlich zurückziehen, dann ist das für uns ein deutliches Warnsignal.

Irgendwo zwischen den Instinkten und dem Verstand sitzt das «Gespür» für Freundschaft, das Erkennen der ganzen Persönlichkeit, das Gefühl dafür, daß eine Beziehung uns bereichert und zur Entfaltung bringt, unsere guten Eigenschaften verstärkt und uns zu uns selber kommen läßt. In welchem Maße erzeugt die Freundschaft in uns noch mehr Groll und destruktive Selbstkritik, oder hilft sie uns vielmehr dabei, uns selber mehr zu respektieren? Wieviel Frieden und Freude bringt sie uns, oder macht sie uns im Gegenteil nervös und ängstlich? Wieviel trägt diese Freundschaft dazu bei, daß wir uns anderen Menschen gegenüber tolerant verhalten? Wie sehr erleichtert sie unsere Beziehung zu unserer näheren und weiteren Umgebung? Versetzt sie uns in die Lage, uns selber klarer zu sehen, oder verdunkelt sie eher die Wirklichkeit?

Ich habe es oft bedauert, daß junge Menschen ihren vertrautesten Freund wählen, lange bevor sie fähig sind, diese Fragen zu beantworten. Vielleicht werden wir im Laufe der weiteren Menschheitsentwicklung noch Methoden erfinden, mit denen wir unsere Jugend über die Freundschaft aufklären können, ehe sie die kritische Auswahl ihres Ehepartners treffen. Sollte dieses Stadium der Evolution jemals kommen, dann wird es auf der Welt sehr viel mehr Freundschaften geben als gegenwärtig.

In unserer Gesellschaft ist die Wahl eines Freundes besonders schwierig für die sehr Schwachen und die sehr Starken. Die Schwachen, die fast gar kein Selbstvertrauen haben, suchen einen Freund, der ihre Schwäche kompensieren könnte und landen oft bei einer Neuauflage desjenigen Elternteils, dem sie in erster Linie ihre Schwäche verdanken. Ein Mensch, der in der Freundschaft die Kraft zu finden hofft, die er bei sich selber vermißt, beschwört Unheil herauf. Einem solchen Menschen sollte man den Rat geben, sich von Freunden, die er wegen ihrer Kraft bewundert, fernzuhalten. Diese Stärke ist oft eine Täuschung und verdeckt die Schwäche, die derjenigen ähnelt, die den schwachen

Menschen quält. Ein Mensch, der sich für schwach hält, sollte die Freundschaft mit jemandem suchen, für den Schwäche oder Stärke keine bedeutenden Probleme sind. In einer solchen Beziehung wird er dann wahrscheinlich selber merken, daß Schwäche kein Problem ist.

Ein begabter Mensch sieht sich dagegen einer schwierigeren Frage gegenüber. In unserer konkurrenzbetonten Gesellschaft wird ein talentierter Mensch aller Wahrscheinlichkeit nach schon von Geburt an Schwierigkeiten haben. Obwohl wir in einer «Verdienstgesellschaft» leben, in der Begabungen sich finanziell und ökonomisch mehr oder weniger bezahlt machen, wird im Konkurrenzkampf der unfaire Vorteil des talentierten Menschen sehr übelgenommen. Ich bedaure oft die begabten Kinder, die ich in der Schule sehe. Es ist schlimm genug, wenn die Eltern die Frühreife ihrer Kinder aller Welt zur Schau stellen. Aber noch schlimmer ist es, wenn die Eltern entschlossen sind [wie das bei vielen Mittelstands-Eltern der Fall ist], das begabte Kind auf ein niedrigeres Niveau zurückzuschrauben, damit es seine Geschwister – und offen gesagt: auch seine Eltern – nicht bedroht. Seine Klassenkameraden nehmen ihm übel, daß es zuviel weiß, daß seine Zensuren zu gut sind, daß es auf alles eine Antwort parat hat, daß es sogar die Fehler des Lehrers verbessert. Es ist nicht fair, daß der Bursche alles so mühelos erreicht. Was glaubt er denn eigentlich, wer er sei? Seine Erzieher, vom Kindergarten bis zum Gymnasium, fühlen sich ebenfalls unbehaglich, weil er anscheinend mehr weiß als sie. Kein Lehrer mag gern von einem Schüler an seine eigenen Minderwertigkeitsgefühle erinnert werden. Und in der Berufswelt werden seine Kollegen ihm seine Fähigkeiten übelnehmen und neidisch darauf sein, daß er alles schnell und gut erledigt, während sie für dieselben Dinge doppelt soviel Zeit und Arbeitskraft aufwenden müssen. Möchtegern-Freunde sammeln sich um ihn, um an seinem Ruhm teilzuhaben; aber er sollte sich vor solchen Freunden in acht nehmen, denn insgeheim beneiden sie ihn und hassen ihn und würden ihn, wenn sie nur könnten, auf ihr Niveau herunterziehen.

Wenn er sich bis zum Erwachsenenalter hin ein gewisses Selbstwertgefühl bewahrt hat, dann muß er sorgfältig darauf achten, nur mit solchen Leuten vertrauliche Beziehungen anzuknüpfen, die sich von ihm nicht bedroht fühlen. Wenn die fortwährende Beunruhigung, die seine Kindheit und Jugend geprägt hat, ihn seines Selbstvertrauens beraubt haben sollte, dann ist er in einer schwierigen Lage. Trotz seiner außergewöhnlichen Talente und Stärken wird er seinen eigenen Wert nicht erkennen. Die Geier werden über ihm kreisen, immer bereit, sich auf ihn herabzustürzen, seine Freunde werden versuchen, ihn auf ihr Niveau herunterzuziehen, und er wird solchen Angriffen gegenüber hilflos sein. Er wird einfach nicht verstehen können, wie jemand, der so schwach ist wie er, von anderen für stark gehalten werden kann, und wie jemand, der so hilflos ist, derart bösartig angegriffen wird von Leuten, die er für seine Freunde hielt. Er wird sich vielleicht sehnlichst wünschen, genau so zu sein wie die anderen, aber – bedauerlich für ihn wie für unsere konkurrenzlüsterne Technokratie – er ist eben nicht so wie die anderen.

Ein begabter Mensch braucht nicht unbedingt Freunde zu haben, die ebenso begabt sind wie er. Was er vielmehr braucht, sind Freunde, die sich über seine Talente freuen, ohne sich davon bedroht zu fühlen, Freunde, die stark genug sind, ihn so zu lieben, wie er ist, ohne ihn auf ein Mittelmaß stutzen zu wollen; freundlich genug, um seine Wunden zu heilen, wenn seine Feinde ihm auf den Fersen sind; sanft genug, um ihn zu trösten, wenn er deprimiert und durch die Feindseligkeit der anderen entmutigt ist, die er einfach nicht begreifen kann, und verständig genug, um ihn davon überzeugen zu können, daß er wirklich liebenswert ist, nicht trotz, sondern wegen seiner Talente.

Jeder von uns, der Schwache, der Hochbegabte, der Gewöhnliche [obgleich eigentlich niemand gewöhnlich ist], muß Freunde haben, um Mensch zu sein. Wir müssen wählen. Wir müssen uns entscheiden, wem von jenen furchterregenden «Anderen» in der Welt da draußen wir uns anvertrauen wollen. Die Wahl ist schwierig. Wir würden lieber nicht wählen; aber manche von den anderen sind so anziehend, so unwiderstehlich, daß wir wissen, wir müssen wählen. Und so entscheiden wir uns, mit Furcht und Zittern, aber auch mit einem Anflug von Vertrauen, mit zaghaftem Glauben an unsere Instinkte und auch mit einem Anflug von kühler Berechnung.

Freundschaft und Geduld

In den bisherigen Kapiteln dieses Buches habe ich die Freundschaft in einem ziemlich statischen Zusammenhang geschildert, als ob die beiden Pole Vertrauen und Mißtrauen nebeneinanderlägen und man vom Mißtrauen mit einem schnellen, dramatischen Sprung zum Vertrauen gelangen könnte.

Gewiß gibt es dramatische Wendepunkte in einer Freundschaftsbeziehung, Zeiten von Übergangskrisen, wenn eine Freundschaft sich sehr rasch auf eine neue Art von Freude und Lust hinbewegt oder wenn sie zu zerbröckeln beginnt. Für solche Krisen gibt es keine mechanischen, dafür aber sichere Lösungen. Zwei Freunde, die einander sehr nahe gestanden haben, lösen derartige Krisen möglicherweise durch einen traumatischen Abbruch der Freundschaft oder durch langsames Auseinanderfallen.

Aber wenn es in jeder Freundschaft entscheidende Wendepunkte gibt, so bedeutet das nicht, daß die Freundschaft rasche Fortschritte macht. In vielen Fällen geht die Bewegung zwischen den dramatischen Sprüngen quälend langsam vor sich, so langsam, daß man sie kaum bemerkt. Augenblicke des Hochgefühls werden von Augenblicken des zögernden, schmerzlichen Wachstums abgelöst. Wenn wir nicht bereit sind, die Qual eines so langsamen Wachsens zu ertragen, dann sind wir für das Freundschaftsspiel nicht gut gerüstet.

Freundschaft ist ein Prozeß eines erneuten Lernens. Wir haben Mißtrauen und Argwohn gelernt und müssen jetzt umlernen, um uns die Fertigkeiten der Hoffnung und der Selbstoffenbarung anzueignen. Da wir den größten Teil unseres Lebens damit verbracht haben, Angst zu erlernen, können wir nicht erwarten, daß wir über Nacht lernen, was Lieben heißt, und auch von unseren Freunden können wir das nicht erwarten.

Das Beispiel einer Frau, die lernt, sexuell zu reagieren, ist hierfür bezeichnend. Man kann davon ausgehen, daß sie lernen will, teils aus Pflichtgefühl, teils aus Neugier und teils aus Leidenschaft. Aber sie hat gelernt, ihrer Weiblichkeit zu mißtrauen, der Lust gegenüber argwöhnisch zu sein, vor Männern Angst zu haben und jede Situation, bei der ein Mann zugegen ist, dadurch zu kontrollieren, daß sie den Mann von sich fernhält. Sie kann sexuell nicht reagieren, ehe sie gelernt hat, sich hinzugeben, aber niemand hat sie je auf Hingabe vorbereitet; dagegen hat vieles sie gelehrt, unter allen Umständen eine Hingabe zu vermeiden. Selbst mit großer Aufrichtigkeit und gutem Willen wird sie die Hingabefähigkeit nur langsam erwerben. Ihr Ehemann kann diesen Prozeß nicht erzwingen. Natürlich muß er auf diesem Lernvorgang bestehen, aber er muß dabei Geduld haben. Er muß sich vor den Tricks in acht nehmen, die sie unbewußt anwendet, indem sie ihn entweder dazu veranlassen will, aufzugeben oder aber zu schnell zu viel von ihr zu verlangen. Er darf seine Männlichkeit nicht von ihr bedrohen lassen, denn wenn sie das fertigbringt, wird er entweder die Geduld oder die Entschiedenheit, vielleicht sogar beides verlieren.

Jeder Freund, der versucht, die Schranken von Argwohn

und Mißtrauen zu durchbrechen, muß sehr viel Vertrauen zu sich selbst und zu seinem Partner haben. Dies Vertrauen muß auch in Zeiten der Ermüdung durchgehalten werden, wenn man bereits meint, es würde sich überhaupt nichts mehr ändern. Es ist nicht schwer, geduldig zu sein, wenn es Beweise dafür gibt, daß Geduld eine erfolgreiche Strategie ist; aber eine Tugend wird Geduld erst dann, wenn die betreffende Sache anscheinend aussichtslos ist. Paradoxerweise hat gerade diese Art von Geduld die größte Aussicht auf Erfolg.

Ich hatte einmal eine Freundschaftsbeziehung, die sich sehr mühsam und frustrierend nicht nur über Monate, sondern über Jahre erstreckte. Ich mochte tun, was ich wollte, ich war nicht imstande, den Verdrehungen und Fehldeutungen zu entgehen, die meine Freundin ständig von sich gab. Ich war die vollkommene Vaterfigur, und ihr System funktionierte so gut, daß ich aus dem Gefängnis, in das sie mich gesteckt hatte, nicht herauskonnte. Nach vielen anstrengenden Monaten hatten wir ein ausgedehntes, sinnloses, quälendes Gespräch miteinander. Nachdem sie und ihr Mann mich verlassen hatten, beschloß ich, mich nicht weiter damit abzugeben, da Freundschaft hier die Mühe nicht lohne. Als sie mich zwei Tage später anrief, war ich drauf und dran, ihr vorzuschlagen, sie möge sich nach einem anderen Berater umsehen. Ich setzte gerade an, ihr das zu sagen [und wie großartig das von mir gewesen wäre!], aber bevor ich das konnte, fing sie an, in einem Ton zu sprechen, den ich sehr lange nicht von ihr gehört hatte. Ehe sie noch drei Sätze gesagt hatte, war klar, daß die Vaterfigur tot war. Ich wünschte, ich könnte von mir behaupten, dieses Problem mit Geschick und Intelligenz behandelt zu haben. Ich fürchte, ich war während des ganzen Konfliktes weit weniger geduldig als ich hätte sein sollen; und nur aus Ungeduld hätte ich die Sache kurz vor dem erfolgreichen Abschluß beinahe noch zum Platzen gebracht.

Um geduldig sein zu können, müssen wir vor allem Vertrauen haben. Je mehr das Vertrauen schwindet, desto mehr steigert sich die Ungeduld. Wenn wir ärgerlich und nervös sind, uns unsicher und bedroht fühlen, werden wir in wütender Selbstverteidigung ausfallend gegen andere. Ein Ehemann, der in seinem Beruf irgendeinen Ärger gehabt hat, wird zu Hause gegenüber seiner Frau gereizt sein, einerlei, was die Frau auch tut. Ja, schon auf dem Heimweg entschließt er sich [zumindest unbewußt], seinen Ärger bei seiner Frau abzureagieren. Was er sich dabei nicht klarmacht, ist, daß er sich fürchtet, seine im Berufsleben angeschlagene Männlichkeit bei einer Frau aufs Spiel zu setzen, die ihn zurückweisen könnte. Mit seiner Ungeduld setzt er sich gegen ihre Ansprüche zur Wehr. Wenn ihr Alter oder ihre Erfahrungen sie dazu veranlaßt haben, ihre Weiblichkeit in Frage zu stellen, und wenn sie sich dazu genötigt sieht, die Schranken der Ungeduld zu errichten, um ihre zerbrechliche Weiblichkeit zu schützen, dann werden der Abend und die Nacht sehr wahrscheinlich mit einer Katastrophe enden. Die unsichtbaren Mauern der Furcht vor Minderwertigkeit werden die beiden Partner voneinander trennen, wenn auch ihre Körper zeitweise und ohne wirkliche Befriedigung miteinander vereinigt sein mögen.

Ein Mensch, der sich unsicher und bedroht fühlt, braucht schnelle, unverzügliche Veränderung seiner Umgebung. Wer sofortigen Erfolg verlangt, verfügt nur über eine sehr dürftige Selbstkontrolle – und auch nur über dürftige Kenntnis der Geschichte, der Soziologie und der Psychologie. Denn die Menschheitserfahrung lehrt, daß Veränderungen sich nur allmählich ergeben. Zwar gibt es Zeiten rascher Neuerungen, aber diese sind eingebettet in die Zeiten ruhigen Wandels und Wachstums.

Besonders schwierig ist die Entscheidung darüber, wie wir die Geduld in einer Freundschaft sinnvoll einsetzen. Wann stellen wir Forderungen? Auf welche Weise stellen wir sie? Wann ist es besser, sich zurückzuhalten? Wann haben wir zuviel gesagt? Wann zuwenig? Wann haben wir mit unserem Anspruch den Freund geängstigt? Und wann sind wir selbst mit unserem Anspruch nicht mutig und herausfordernd genug gewesen?

Es ist deshalb so schwierig, den Code zu entschlüsseln, weil die langsame Reaktion und das Schweigen des Partners manchmal eine Bitte um stärkere Herausforderung und Ermutigung ist, manchmal aber auch eine Bitte um eine Verschnaufpause sein kann. Auch wenn man noch so zuversichtlich ist, kann man sehr leicht Fehler machen und die Zeichen völlig falsch interpretieren. Dabei fürchte ich, daß mehr Fehler durch zu nachlässiges als durch zu forsches Vorgehen gemacht werden. Die meisten Fehler, die in einer Freundschaft gemacht werden, entstehen wahrscheinlich durch zu frühes Erlahmen, durch zu geringe Ansprüche.

Unsere Sprache bleibt bei der Behandlung der Schwierigkeiten einer Freundschaft unzulänglich, weil der Vorgang, den wir in den bisherigen Kapiteln als in eine einzige Richtung gehend beschrieben haben, gewöhnlich ein Interaktionsprozeß, d.h. ein Vorgang wechselseitiger Wirkung, ist. Beide Freunde stellen Forderungen aneinander; beide fordern einander heraus; beide versuchen, einander Vertrauen entgegenzubringen und schöpferische Geduld miteinander zu haben. Die Ehefrau, die von ihrem Mann lernt, wie man sich als Liebende verhält, lehrt zur gleichen Zeit ihren Mann, ein guter Liebhaber zu sein. Er lehrt sie die Bedeutung der Weiblichkeit, und sie lehrt ihn den Sinn der Männlichkeit. Ihre Leidenschaft und ihre Liebe zwingen sie zur Ungeduld, aber ihr Zartgefühl und ihre Fürsorge mäßigen die Ungeduld. Im Freundschaftsspiel ist nichts schwieriger als die Fertigkeit, das einer Situation jeweils angemessene Maß an Geduld richtig einzuschätzen.

Das Bewußtsein, daß eine Freundschaft durch Anstrengung noch gewinnt, verstärkt die Bereitschaft zur Geduld. Wenn wir auf die wichtigen Momente unserer Freundschaft zurückblicken, stellen wir fest, daß es sich dabei nicht um die Augenblicke handelt, wo es keinerlei Belastung oder Konflikte gab, sondern vielmehr um Zeiten, da wir mit unserem Freund Schwierigkeiten und Probleme gemeinsam meisterten. Geduld hat keinen größeren Feind als jenen seichten Romantizismus, der Zweifel und Unsicherheiten nicht toleriert. Ständige Happy-Ends gibt es nur im Kino oder auf dem Fernsehschirm. Freundschaften, in denen alle Probleme mit einem Schlag überwunden werden, kommen nur in höchst dramatischen Romanen vor, nicht aber in der realen Welt, in der wir leben müssen. Wer sich enttäuschen läßt durch die Entdeckung, daß er und sein Freund noch viel über das Freundschaftsspiel zu lernen haben, sollte an diesem Spiel gar nicht erst teilnehmen.

Unsere Geduld wird verstärkt, wenn wir auf anderen Bereichen unseres Lebens Erfolg haben. Ebenso wie der Mann, der in seinem beruflichen Leben keine Zuversicht

mehr hat, auch sein Vertrauen in seine ehelichen Fähigkeiten verliert, so wird jemand, der mit seiner beruflichen Tätigkeit zufrieden ist, ein liebevollerer Ehemann
sein können. Um es kaufmännisch auszudrücken, was
vielleicht ein bißchen derb klingt: Wenn man glücklich
leben will, muß man seine emotionalen Investitionen
aufteilen. Eine solche Aufteilung der Investitionen erhöht nicht nur die Wahrscheinlichkeit einer günstigen
Zahlungsbilanz, sie gibt uns auch die Stärke und das
Vertrauen, das wir brauchen, um eine Beziehung zu
handhaben, die nicht ganz so gut ist, wie wir sie gern
hätten. Wenn wir nur eine einzige Freundschaftsbeziehung unterhalten, dann ist diese in ernster Gefahr. Wenn
wir mehrere Freundschaftsbeziehungen pflegen, von denen eine etwas schwierig verläuft, haben wir sehr viel
mehr Vertrauen in unsere Fähigkeit, Probleme zu lösen,
und sehr viel mehr Geduld mit den Leiden, der Einsamkeit und der Angst des anderen.

In einer Gesellschaft wie der unsrigen, in der beruflicher
Erfolg für einen Mann so außerordentlich wichtig ist,
darf es nicht verwundern, daß die meisten Männer erst
einmal etwas Vertrauen in ihre beruflichen Fähigkeiten
bekommen müssen, bevor sie sicher genug oder geduldig genug sind, um gute Freunde oder Liebhaber sein zu
können. Manche Männer sind allerdings so von Angst
und Sorge erfüllt, daß kein Erfolg groß genug ist, um
ihnen Vertrauen zu geben. Jeder neue Erfolg erfordert
dann einen noch größeren und trennt diese Männer noch
mehr von ihren Freunden und ihrer Familie, anstatt
ihnen die Sicherheit und das Vertrauen in ihre Männlichkeit zu geben, das sie benötigen, um gute Ehegatten und
Freunde zu sein. Viele andere Männer dagegen werden

durch beruflichen Erfolg weit bessere Freunde und verständnisvollere Liebhaber. Leider gibt es für eine Frau keine vergleichbare Möglichkeit, sich durch Erfolg in ihrer Weiblichkeit zu bestätigen. Selbst wenn sie beruflichen Erfolg hat, bringt niemand sie auf den Gedanken, daß diese Art der Betätigung ihre Weiblichkeit bekräftigt. Das Einkommen und die berufliche Position gelten zwar als Bewertungsgrundlage für die Männlichkeit des Ehegatten; sehr viel weniger klar ist aber, was erforderlich ist, um als Frau etwas zu gelten und welchen Maßstab man für die Bewertung weiblicher Qualitäten ansetzen soll. Ich weiß nicht genau, wie dieses Problem zu lösen ist. Fest steht allerdings, daß es uns sehr viel besser gelingt, Knaben und jungen Männern Selbstachtung beizubringen als Mädchen und jungen Frauen.

Im gegenwärtigen Stadium des Freundschaftsspiels kommt man zu dem Schluß, daß ein Mann sowohl durch seinen Beruf als auch durch seine Frau eine Bestätigung seiner Männlichkeit erhält, während eine Frau, wenn überhaupt, lediglich durch ihren Mann in ihrer Weiblichkeit bestätigt wird. Die meisten Männer, so muß man befürchten, erkennen nicht, wie sehr ihre Frauen eine Bestätigung ihrer Weiblichkeit brauchen.

Wenn unser Wert als Mann oder als Frau vom anderen Geschlecht bekräftigt werden muß, folgt dann daraus, daß nur der Ehepartner eine solche Bekräftigung geben kann, oder können auch andere außer dem Ehepartner – vielleicht manchmal auch statt des Ehepartners – sie geben? Zu dieser einigermaßen delikaten und schwierigen Frage sind einige Anmerkungen nötig:

In den vorangehenden Überlegungen haben wir das Risiko behandelt, das man eingeht, wenn man alle seine emotionalen Investitionen auf eine einzige Freundschaftsbeziehung setzt. Daraus würde folgen, daß die Bestätigung unseres Wertes als Mann oder Frau von vielen verschiedenen Leuten kommen und auf unterschiedliche Art und Weise geschehen könnte. Wir haben kaum die nötige Geduld, uns mit einer kritischen Beziehung zu befassen, wenn diese Beziehung die einzige ist, die unseren Wert bestätigt.

Für verheiratete Leute ist die Bestätigung durch den Ehepartner offensichtlich die wichtigste. Wenn wir zwischen Tisch und Bett nicht als Mann oder Frau akzeptiert werden, wird es auch in anderen Bereichen unseres gemeinsamen Lebens Schwierigkeiten geben.

Wenn wir allerdings nur für unseren Ehepartner Mann oder Frau sein wollen, wird unsere Ehe einem starken Druck ausgesetzt sein. Die Tatsache, daß wir imstande sind, für unseren Ehepartner Mann oder Frau zu sein, sollte es uns ermöglichen, für jeden, mit dem wir zu tun haben, Mann oder Frau zu sein. Und wenn wir unseren Wert als Mann oder Frau auch von denen bestätigen lassen, mit denen wir nicht verheiratet sind, werden wir um so eher für unseren Ehepartner Mann oder Frau sein können.

Die Frage, ob andere Freundschaftsbeziehungen, ohne das Eheversprechen zu verletzen, eine Selbstbestätigung zu geben vermögen, wie sie die Ehe nicht geben kann, ist außerordentlich schwer zu beantworten. Kann ein Mann eine andere Frau haben, die ihm seine Männlichkeit bestätigt, während seine Ehefrau, mit der er geschlechtlichen Verkehr hat, ihm diese Bestätigung verweigert? Kann eine Frau in der Freundschaft mit einem anderen Mann Erfüllung finden und gleichzeitig ihrem Ehegatten, der an ihr als Frau das Interesse verloren hat oder vielleicht sogar nie wirklich interessiert war, treu sein? Die romantische Antwort auf diese beiden Fragen heißt: Ja. Eine realistischere Antwort würde aber wohl sehr viel Skepsis und Zurückhaltung bedingen. Derartige Beziehungen sind vielleicht möglich, aber sie sind nicht einfach, und die meisten Leute, die meinen, sie hätten eine solche Beziehung mit Überlegung angeknüpft, täuschen sich; denn entweder haben sie es mit ihrer Ehe nicht wirklich ernsthaft versucht, oder es fehlt ihnen die Reife und Selbstsicherheit, eine geschlechtliche oder platonische Beziehung außerhalb der Ehe aufrechtzuerhalten. Geduld bedeutet also, daß wir Selbstvertrauen haben müssen. Wir sollten begreifen, daß Geduld letzten Endes den Gewinn des Freundschaftsspiels noch erhöht. Und wir müssen unseren Freund wirklich begehren. Die müde, träge Geduld, mit der man etwa zu Weihnachten das Beisammensein der Familie über sich ergehen läßt, beruht nicht auf der Hoffnung, daß die gemeinsamen Beziehungen sich bessern werden. In diesem Buch soll nicht das Krankheitsbild Weihnacht behandelt werden; aber wichtig ist die Feststellung, daß die unechte, erzwungene Geduld bei derartigen Zusammenkünften nicht die Geduld ist, die eine Freundschaft ermöglicht. Wir können nur mit jemandem geduldig umgehen, für den wir uns wirklich interessieren. Ehepartner, die einander lieben, behandeln die wechselseitigen Unzulänglichkeiten deshalb mit Geduld, weil sie trotz dieser Unzulänglichkeiten Freude aneinander haben und weil sie glauben, daß ihre Freude und Lust sich noch steigert und die Mängel allmählich abnehmen. Geduld ohne Verlangen und ohne Freude ist sterile und tödliche Geduld.

Und schließlich gibt es noch einen weiteren Grund, geduldig mit anderen zu sein, und das ist wohl der gewichtigste von allen: Die anderen haben Geduld mit uns, und sie finden das ganz genau so schwer wie wir es finden, mit ihnen Geduld zu haben. Wir, mein Freund und ich, wollen geduldig genug gegenüber uns selbst und miteinander sein, um den Abwehrmechanismus der verärgerten Ungeduld zu durchbrechen – koste es, was es wolle.

Freundschaft und Zartgefühl

Geduld allein genügt jedoch nicht. Sie ist im wesentlichen ein passiver Bestandteil der Beziehung. Geduld bedeutet, daß wir nicht aufgeben, daß wir unsere Forderungen nicht mäßigen, daß wir den anderen nicht bestrafen, wenn er nicht sofort reagiert. Wenn Geduld sich nicht mit einer anderen Tugend vermischt, kann sie steril, indifferent, ja sogar hochmütig und anmaßend werden. Der Name dieser anderen Tugend ist: Zartgefühl.

Zartgefühl ist die Fähigkeit, unserem Freund eine Atmosphäre der Wärme zu bereiten, ihm unser warmherziges Interesse zu zeigen, wodurch wir uns auch unserer eigenen unermeßlichen Macht über ihn bewußt werden. Es steht in unserer Macht, andere zu verletzen, wir haben die Möglichkeit, anderen Menschen körperlichen Schmerz zuzufügen; und der andere weiß das und fürchtet sich davor. In allen zwischenmenschlichen Beziehungen steckt ein Stück Angst vor körperlichem Schmerz. Ein Kind hat Angst davor, von seinen Eltern geschlagen zu werden. Die Frau hat Angst davor, daß ihr Mann sie verletzen könnte. Der Mann befürchtet, seine Frau könnte ihn in einem Akt der Selbstverteidigung angreifen. Es gehört zum Paradox der menschlichen Situation, daß wir aggressiv sein müssen, wenn wir miteinander Beziehungen anknüpfen wollen, daß aber Aggressivität mit größter Wahrscheinlichkeit beim anderen Angst hervorruft. Zartgefühl ist der Schutzmantel, den wir um unsere Aggressivität legen, um dem andern zu versichern, daß wir ihn zwar in Besitz nehmen möchten, ihn aber dabei keinesfalls verletzen wollen. Ein Mann geht sanft mit seiner Frau um, weil seine Zärtlichkeit ihr die Gewißheit gibt, nicht verletzt zu werden; und sie wiederum ist zärtlich zu ihm, so daß er weiß, daß seine Aggressivität verständnisvoll aufgenommen wird und daß die Frau ihn nicht zu strafen braucht, wenn er sie nicht verletzt.

Doch die grundlegende physische Zärtlichkeit zwischen Mann und Frau ist nur ein Paradigma für eine größere, bedeutendere psychologische Zartheit, die nicht nur die Beziehung zwischen Ehepartnern, sondern alle Freundschaftsbeziehungen charakterisieren sollte. Wenn in einer Ehe kein psychologisches Zartgefühl herrscht, dann ist die körperliche Zärtlichkeit sinnlos und wird nicht von Dauer sein. Und wo kein psychologisches Feingefühl herrscht, kann keine Freundschaftsbeziehung lange andauern. Wenn wir nicht fähig sind, eine Atmosphäre der Wärme zu schaffen, in der unser Freund sicher sein kann, keine Angst vor uns haben zu müssen, dann wird er uns nicht an sich heranlassen. Und wenn wir das versuchen, wird er sich umdrehen und weglaufen.

Das Bedürfnis nach Zartgefühl beruht auf der Verletzbarkeit und Zerbrechlichkeit des menschlichen Wesens. Der Mensch verletzt leicht. Er hat keinen Panzer wie das Rhinozeros und keine dicke Haut wie viele andere Tiere. Er ist sowohl physisch als auch psychisch leicht verletzlich. Er kann nur aufgrund seiner Intelligenz überleben. Aber seine Intelligenz macht ihn sehr viel argwöhnischer als die meisten Tiere. Er wird, physisch und psychisch, zum Schnelläufer, weil er sich dazu gezwungen sieht.

Der Mensch ist immer verteidigungs- und abwehrbereit, weil seine Umgebung ihn bedroht, besonders dann, wenn sie von anderen menschlichen Wesen bevölkert ist. Der Mensch weiß aus Erfahrung, daß manche von diesen anderen Wesen ihm Schaden zufügen würden, wenn sie könnten. Wenn andere ihm zu nahe kommen, geht er in Abwehrstellung, weil er nicht weiß, was sie von ihm wollen. Freundschaft bedeutet, daß man andere an sich herankommen läßt, zunächst körperlich, dann psychisch; daß man seine Abwehrstellung aufgibt, daß man den anderen sehen läßt, wie verletzbar man ist und ihm sogar die Gelegenheit bietet, daraus Nutzen zu ziehen. Wenn der andere keine Anzeichen von Beruhigung zu erkennen gibt – einer Beruhigung, die wir Zartgefühl nennen –, geht man sofort wieder in Abwehrstellung. Wir geben dem anderen die Gelegenheit, uns zu verletzen und zu vernichten. Er sollte uns beruhigen, daß er nicht beabsichtigt, uns Schaden zuzufügen, sonst erwacht sofort wieder unser Mißtrauen und unser Argwohn.

Zartgefühl heißt sensibles, zärtliches, freundliches, einfühlsames Interesse. In keiner zwischenmenschlichen Beziehung gibt es jemals zuviel von dieser Eigenschaft. Die menschliche Fähigkeit zu Furcht und Argwohn ist fast unbegrenzt, und daher ist der Nachholbedarf an Zartgefühl praktisch auch grenzenlos. Wir lachen manchmal über Hunde, weil sie so sehr um Zärtlichkeit von ihren Herren betteln. Doch die Zärtlichkeitsfähigkeit eines Hundes ist gering im Vergleich zum Zärtlichkeitsbedürfnis und zur Zärtlichkeitsfähigkeit seines Herrn. Der Herr verbirgt das vielleicht etwas geschickter als der Hund, aber das bedeutet eben, daß er argwöhnischer und furchtsamer ist als sein Hund.

Aber Zärtlichkeit bedeutet noch mehr. Wir gestehen unsere Verletzbarkeit und Zerbrechlichkeit nicht nur unserem Freund, sondern der ganzen übrigen Welt gegenüber ein. Wenn er zeigt, daß er zärtlich sein und uns beschützen will, geben wir uns gern in seine Hände, damit er uns vor jenen anderen mißtrauischen und feindlichen Wesen in unserer Umgebung in Schutz nehmen kann. Wenn wir unserem Freund offenbart haben, wie wehrlos wir in Wirklichkeit sind, dann *muß* er uns einfach beschützen.

Eine Frau, die sich ihrem Mann hingibt, enthüllt dabei zwangsläufig ihre Angst vor diesem «Sich-gehen-lassen». Sie mag noch soviel Lust dabei verspüren, ihre Verletzlichkeit beim intimen Zusammensein ist so groß und ihre Ergebung so vollständig und ursprünglich, daß sie dieses Geschenk nur machen kann, wenn der Mann ihr verspricht, es zu empfangen, es zu bewahren und sie vor jeglicher Verletzung, sei es von ihm oder von anderen, zu beschützen.

Ein Mann ist in der Beziehung anscheinend weniger zerbrechlich und verletzbar; und doch ist das Risiko, das er dabei trägt, vielleicht noch größer als das, das seine Frau auf sich nimmt. Denn sie kann sein Vertrauen in seine Männlichkeit sehr viel schneller zerstören als er ihr Vertrauen in ihre Weiblichkeit. Wenn sie nicht äußerst sensibel auf seine Befürchtungen eingeht und sanft und zärtlich darauf reagiert, wird seine Angst sehr viel größer sein als ihre. Wenn aber die liebenden Ehepartner einander ihre Verletzbarkeit erst einmal eingestanden haben, einander offenbart haben, wie sehr sie Wärme und Zärtlichkeit brauchen, dann wird einer vom anderen Zartgefühl und Schutz erwarten können.

Zärtlichkeit erwärmt den Gebenden wie den Empfangenden. Es ist gut, wenn man weiß, daß man sich auf einen Menschen verlassen kann, und es ist gut für uns zu wissen, daß jemand anders sich auf uns verlassen möchte. Gegenseitiges Zartgefühl erkennt sowohl unsere Schwäche als auch unsere Stärke an; sich in den Händen eines anderen schwach zu fühlen und doch stark genug zu sein, den anderen zu besitzen, ist eine erhebende, um nicht zu sagen: ekstatische Erfahrung. Der Rhythmus des Zartgefühls ist dem Rhythmus von Eroberung und Ergebung vergleichbar, den wir in einem früheren Kapitel besprochen haben. Ja, der Rhythmus der Stärke und Schwäche ist ein notwendiges Vorspiel zum Rhythmus der Eroberung und Ergebung; denn wir sind nur bereit, uns jemandem zu ergeben, der stark genug ist, um uns beschützen zu können, und wir sind nur dann bereit, das Wagnis der Eroberung einzugehen, wenn der Partner schwach genug scheint, unsere Zärtlichkeit zu brauchen, anzunehmen und sich darüber zu freuen. Letzten Endes gibt es kein stärkeres Mittel der Verführung, als denjenigen, den wir verführen wollen, davon zu überzeugen, daß wir dringend Zärtlichkeit brauchen.

Zartgefühl setzt Empfindsamkeit voraus. Ein feinfühliger Mensch beherrscht die Kunst der *Introjektion,* wie man das in der Psychoanalyse nennt, also der Fähigkeit, sich in jemand anderen einzufühlen und die Welt von dessen Standpunkt aus zu sehen. Die Fähigkeit zur Introjektion beherrscht derjenige, der genügend Selbstvertrauen hat, um dem Partner in einer freundschaftlichen Beziehung mit Aufmerksamkeit zu begegnen; er ist seiner eigenen Position sicher genug, um in der Lage zu sein, seine Aufmerksamkeit zeitweise von sich weg und auf den anderen zu lenken, und er braucht seine Energien nicht mit der ängstlichen Frage zu verschwenden, was der andere wohl von ihm denken mag. Er kann es sich leisten, einen Teil seiner Energien darauf zu verwenden, Verständnis dafür zu entwickeln, was der andere über sich selber denkt und welche Befürchtungen er hat. Man braucht sich nur einmal einige narzistische radikale Studenten auf dem Fernsehschirm anzusehen, um zu erkennen, daß das Menschengeschlecht noch sehr viel evolutionäre Fortschritte machen muß, ehe man in der Lage ist, eine Sache aus der Sicht anderer Leute zu betrachten.

Zärtlichkeit gehört vor allem zur Sexualität. Obgleich Sympathie und Zartgefühl zwischen Menschen eher psychischer als physischer Natur zu sein scheinen, haben sie doch starke Wurzeln im Physischen. Hinsichtlich der Zärtlichkeit muß man allerdings einräumen, daß hier – wie in vielen anderen Dingen – die Frauen den Männern überlegen sind. Zärtlichkeit ist für eine Frau etwas recht Einfaches. Sie kann zu einem Mann, besonders zu ihrem eigenen, zärtlich sein, aber sie kann auch mit anderen Frauen zart umgehen. Der Mann kann zu seiner Frau – und zumindest gelegentlich auch zu anderen Frauen – sehr zärtlich sein, wenn auch andererseits seine Empfindungslosigkeit manchmal zum Himmel schreit; aber nur sehr selten ist ein Mann fähig, auch anderen Männern gegenüber Zartgefühl zu zeigen. Wenn Zartgefühl auf Selbstvertrauen beruht, was offensichtlich der Fall ist, kommt man zwangsläufig zu dem Schluß, daß Frauen weit mehr Selbstvertrauen haben als Männer. Vielleicht liegt der Grund dafür, daß die Gesellschaft [wie wir im vorigen Kapitel besprochen haben] für Männer mehr Möglichkeiten zur Steigerung der Selbstachtung bereitstellt, darin, daß Männer dies nötiger haben als Frauen. Wenn nur ein sehr selbstbewußter Mann imstande ist, zartfühlend mit Frauen umzugehen, dann muß derjenige, der das schwere Wagnis auf sich nimmt, im Umgang mit Männern Zartgefühl zu zeigen, schon ein wahres Muster an Selbstvertrauen darstellen. Auch hieran sehen wir wieder, wie lang der Weg der Evolution ist, den die Menschheit noch vor sich hat.

Freundschaft und Gesellschaft

Freundschaft und Liebe erzeugen ekstatische Freude und Glück, aber ein Teil dieser Ekstase bleibt notwendigerweise ein Geheimnis. Die Ausstrahlung des Freundschaftsglücks ist rundherum spürbar, und die meisten Beobachter ahnen den Grund. Und dennoch gibt es Geheimnisse, die außer den Liebenden niemand erfährt und niemand erfahren kann. Nur der Ehemann, der lange vertraute Geliebte, weiß, wie seine Frau beim Liebesakt aussieht und wie sie sich verhält, und nur die Frau kennt die Kraft und die Liebesfähigkeit ihres Mannes. Selbst wenn beide gelegentlich untreu werden, so geschieht dieser Treubruch auf so flüchtige Weise, daß der Betreffende nicht annähernd so vollkommen er selbst sein kann wie beim Liebesakt in einer glücklichen Ehe. Und selbst wenn andere Menschen, etwa Ärzte, den Körper eines Mannes oder einer Frau untersucht haben, wissen sie immer noch nicht, wozu dieser Körper fähig ist, wenn er bei lustvollem Geben und Nehmen aufs äußerste herausgefordert wird.

Mann und Frau kennen also das Geheimnis ihrer beiden Körper, und dieses Geheimnis ist der Brennpunkt, um den herum viele andere Geheimnisse ihrer gemeinsamen Existenz gruppiert sind. Niemand anders versteht den subtilen Rhythmus ihres gemeinsamen Lebens, die Fehler, die sie gemacht haben, die Späße, über die nur sie selber sich amüsieren, die Ängste, die sie miteinander überstanden haben und die Ängste, mit denen sie noch zu kämpfen haben. Diese Dinge sind geheim, zum Teil deswegen, weil sie zu privat sind, als daß sie vor anderen enthüllt werden sollten, zum Teil aber auch deswegen, weil andere Leute sie einfach nicht begreifen würden. So sind in vielen Ehen die gemeinsamen Geheimnisse der Kitt, der die beiden Freunde zusammenhält.

Das Freundschaftsspiel kann man nur durch Praxis erlernen. Dabei machen Freunde alle möglichen Fehler, Fehler, die tragische Auswirkungen haben können, wenn man sie nicht als Komödie behandelt. Die Fehler, die Braut und Bräutigam machen, wenn sie sich bemühen, die gegenseitigen körperlichen Geheimnisse zu verstehen, würden zum völligen Abbruch der Beziehungen führen, wären nicht beide in der Lage, über ihre Unbeholfenheit und mangelnde Erfahrung zu lachen.

Aber die Sache hat noch eine andere Seite. Wenn es auch sicherlich zutrifft, daß die Macht des Geheimnisses verlorengeht, wenn man mehr als nur andeutungsweise mit anderen Leuten darüber spricht, so ist doch ebenfalls richtig, daß man darauf hinweisen muß. Ein Mann und seine Frau können zwar mehr als nur in Andeutungen über ihre geheime Liebe und deren subtile und weniger subtile Freuden sprechen; und sie sollen auch darüber sprechen. Das Geheimnis ihrer Liebe ist jedoch zu kostbar, als daß man es in alle Einzelheiten zerreden, aber auch zu kostbar, als daß man es völlig geheimhalten sollte. Die Freude der Freundschaft muß die Beziehung zwischen den Partnern durchströmen. Das Kind ist eine Manifestation dieser Freude, wenn auch keineswegs die einzige und auch durchaus keine absolut notwendige Manifestation ihrer Liebe.

Die Freude über ihre Freundschaft, die Freude über ihre Liebe muß überschäumen. Die Freude echter Freundschaft kann nicht auf die beiden Freunde beschränkt bleiben. Wenn sie das Geheimnis ihrer Beziehung gänzlich für sich behalten, ist man gezwungen, daraus zu schließen, daß es sich um keine echte Freundschaft handelt. Die Glücksfähigkeit des Menschen ist im Geben wie im Nehmen unbeschränkt. Wenn der Mensch erst einmal die Freude an der höchsten Form menschlicher Beziehungen – der Freundschaft – erfahren hat, muß er diese Freude mit anderen teilen. Paul Claudel hatte recht, als er sagte, daß in der Liebe zwei Menschen nicht so sehr aneinander anschauen als vielmehr gemeinsam in die gleiche Richtung blicken. Das Selbstvertrauen, das Glück, das Geheimnis, das die beiden Freunde entdeckt haben, muß auch anderen mitgeteilt werden, denn Freude, Vertrauen, Ekstase lassen sich, ihrem Wesen nach, nicht verbergen.

Eins der kritischen Probleme in der Gesellschaft ist der Mangel an Vertrauen. Die Menschen können einander nicht trauen, weil sie in ihrem Leben nicht genug Freundschaft haben. Wenn es mehr Freundschaften auf der Welt gäbe, dann gäbe es auch mehr Vertrauen, und das Spannungsniveau in gesellschaftlichen Beziehungen würde sich automatisch senken. Ich bin gewiß nicht naiv genug, zu glauben, daß alle Sozialreform-Bestrebungen sich darauf konzentrieren sollten, die Qualität von Freundschaften zu verbessern. Die Verbesserung größerer Sozialstrukturen kann nicht auf die Perfektion individueller Beziehungen warten, und die Verbesserung individueller Beziehungen würde auch nicht ohne drastische Veränderungen bestehender Strukturen zu einer Gesamtreform der Gesellschaftsstruktur führen. Freundschaft ist kein Allheilmittel, aber eine Vorbedingung, und zwar in dreifachem Sinne:

Wenn die Quantität wie die Qualität der Freundschaft nicht wächst, dann werden verbesserte Sozialstrukturen sofort durch neue Probleme gefährdet, die mindestens so kompliziert sind wie die durch die Reform behobenen. Wenn die maßgebenden Reformer nicht sich selbst, ihren Wert und ihre Würde, die in ihren Freundschaftsbeziehungen verwurzelt ist, genau kennen, dann werden ihre sozialreformerischen Kreuzzüge weniger zu einer Verbesserung des menschlichen Lebens als vielmehr zu einem Anwachsen ihres eigenen Selbstwertgefühls führen. Solche Kreuzritter sind nur geringfügig vom Fanatismus entfernt.

Um Weltprobleme wie Vorurteile, Kriege, Verseuchung zu lösen, brauchen wir möglicherweise eine neue Art Mensch, ein Wesen, dessen Stärke und Vertrauen in einem starken, stützenden Geflecht aus Freundschaft verankert sind, und das sowohl anderen vertraut als auch in der Lage ist, Vertrauen an diejenigen weiterzugeben, mit denen es Beziehungen unterhält.

Freundschaft wird vielleicht nicht die Gesellschaft reformieren, aber es ist zweifelhaft, ob die Gesellschaft ohne Freundschaft angemessen reformiert werden kann oder ob sie nach einer Reform intakt bleiben kann, ohne daß es auf der Welt sehr viel mehr Liebe gibt als gegenwärtig. Aber es gibt noch einen anderen Grund dafür, daß Freundschaft Gesellschaft erfordert: Freundschaft kann nicht um ihrer selbst willen angestrebt werden.

Da dieses Buch von Freundschaft handelt, sind die Schwierigkeiten des Freundschaftsspiels ausführlich analysiert worden; aber wenn zwei Menschen bewußt eine Freundschaft entwickeln wollen, wird dieser Versuch sehr wahrscheinlich fehlschlagen. Freundschaft entsteht nicht aus gezielter Anstrengung, sondern aus gemeinsamen Erfahrungen. Freundschaft ist ein Nebenprodukt gemeinsamer Anstrengung, nicht das direkte Ergebnis solcher Bemühung. Selbst in einer ehelichen Freundschaft, in der bewußte Bestrebungen hinsichtlich einer Verbesserung der Freundschaftsqualität nützlich und sogar notwendig sind, ist die Liebe zwischen den Partnern das Ergebnis ihrer Bemühungen, gemeinsame Probleme zu lösen und gemeinsame Ziele zu finden.

Natürlich gibt es Zeiten, in denen eine Freundschaft sehr bewußt gepflegt werden muß, aber diese Bewußtheit birgt die Gefahr in sich, daß die Beziehung künstlich, verschroben und gespreizt wird. Wir arbeiten mit unserem Freund zusammen an unserer Beziehung, während wir gemeinsam irgendwelche Dinge tun. Wenn wir die Zusammenarbeit solange verschieben, bis wir die Probleme unserer Freundschaft gelöst haben, finden wir uns bald auf sumpfigem Boden wieder. Anders ausgedrückt: Eine allzu bewußte Bemühung um die Freude der Freundschaft gleicht der Jagd nach einem Irrlicht. Es entwischt uns immer.

Freundschaft kann nicht erzwungen werden; sie muß sich aus gemeinsamer Anstrengung, gemeinsamem Nachdenken, gemeinsamem Spiel und gemeinsamer Arbeit, gemeinsamer Freude und gemeinsamem Kummer von selbst ergeben. Ein befreundetes Paar, das sich gegenüber allem abschließt, was nicht unmittelbar zur Freundschaft beiträgt, wird sich bald vorkommen, als sei es in einer Mondlandschaft, wo es kein Leben gibt.

Kann unsere Freundschaft zu einer Gesellschaft werden? Bisher habe ich die Freundschaft als Zweisamkeit behandelt; aber eine Freundschaftsbeziehung kann durchaus mehr als zwei Menschen umfassen, wenn wir auch sehr wenig über vertraute Freundschaften zwischen mehreren Menschen wissen.

Früher hat es «Bruderschaften» gegeben, und heutzutage versuchen Kommunen, wieder Freundesgemeinschaften zu erwecken, obwohl die Geschichte gelehrt hat, daß solche Gemeinschaften nie von Dauer waren. Man muß den Enthusiasmus und den Mut der Pioniere dieser neuen Kommunen bewundern, wenn man bezüglich ihrer Klugheit auch Bedenken hat; denn wenn eine Zweier-Beziehung schon schwierig ist, bietet eine Freundschafts-verbindung mehrerer Menschen erst recht Probleme. Sie ist zwar möglich und auch schon praktiziert worden, aber sie entsteht nicht automatisch und wird ganz sicher nicht dadurch zum Leben erweckt, daß man durch Anschlag am Schwarzen Brett in der Universität verkündet, es solle eine Kommune gebildet werden.

Ziemlich sicher scheitern an der Praxis diejenigen, die sich naiven Vorstellungen über solche Kommunen-Experimente hingeben. Nur wer sich über die Schwierigkeiten einer Ausdehnung der Freundschaft über die Zweiergruppe hinaus klar ist, hat eine Chance auf Erfolg. Dennoch sollten die Leichtfertigkeit und Naivität von Kommune-Bewegungen nicht die Tatsache verdunkeln, daß das Bedürfnis nach Freundesgemeinschaften ein außerordentlich wichtiges kulturelles Ereignis ist.

Eng verbunden mit der Kommune-Bewegung ist der Versuch, spontane Offenheit und spontanes Vertrauen durch verschiedenartige gruppendynamische Tricks zu

erreichen, etwa durch Sensitivity Training, Gruppenge-
spräche und neuerdings auch durch so bizarre Dinge wie
gegenseitiges Betasten in Gruppen und Nackten-Zusam-
menkünfte. Ich möchte natürlich nicht bestreiten, daß
das Verständnis gruppendynamischer Zusammenhänge
enorme Fortschritte gemacht hat. Auch will ich nicht
von vornherein ausschließen, daß das gegenseitige Berühren und Umarmen, vielleicht sogar Nacktheit an
sich, Reife und Freundschaft erleichtern können. Aber
mir scheint es doch notwendig, darauf hinzuweisen, daß
durch Tricks keine Freundschaft entstehen kann, ja, daß
sie dadurch häufig sogar verhindert wird. Spontane Offenheit und spontanes Vertrauen sind gewöhnlich nur
scheinbare Offenheit und scheinbares Vertrauen.
Aber welche Schwächen und Fehler die Kommune-Bewegung und der Gruppendynamik-Kult auch haben
mögen, die Begeisterung für beides zeigt, wie groß das
Bedürfnis nach Freundschaft in unserer technisierten Gesellschaft ist. Vielleicht stellt sich sogar heraus, daß viele
Zweier-Beziehungen nur in einer Atmosphäre des Vertrauens und der Zuneigung gedeihen können, die durch
eine größere Freundesgemeinschaft erzeugt wird.
Da ich mich nicht ausreichend qualifiziert fühle, über
Freundesgruppen von mehr als zwei Personen zu sprechen, überlasse ich das Urteil darüber den Leuten, die
auf diesem Gebiet Erfahrungen haben. Auf eins möchte
ich allerdings noch hinweisen: Wir müssen, glaube ich,
sehr skeptisch sein hinsichtlich der Sexualgemeinschaften, die von manchen Enthusiasten als die Welle der
Zukunft angepriesen werden – als ob es das früher etwa
nicht gegeben hätte [man befrage hierüber, zum Beispiel, nur einmal den Koran].

Begeisterte Befürworter von Sexualgemeinschaften –
etwa der Autor des Buches *The Harrad Experiment* [1] –
wollen uns davon überzeugen, daß wir, wenn erst einmal
die moralischen Fesseln einer finsteren Vergangenheit
gesprengt worden sind, glückliche, kraftvolle Gemeinschaften haben können, in denen jeder mit jedem schläft.
Diese Argumentation enthält ein gut Teil unbewußten
Snobismus, den überhaupt alle diejenigen offenbaren,
die verkünden, sie hätten mit der moralischen Engstir-
nigkeit früherer Zeiten gebrochen. Sich selbst als Angel-
punkt der Geschichte, als erste aufgeklärte Generation
nach zahllosen Generationen furchtsamer Aufklärungs-
feinde zu betrachten, ist eine heroische Darstellung, kann
aber auch eine Anmaßung sein. In vergangenen Jahren
haben auch andere sich für die ersten einer neuen Generation gehalten und dann ebenfalls festgestellt, daß sie sehr
schnell aus der Mode kamen. Ich habe nicht den Wunsch,
als Verteidiger strenger Moralbegriffe abgestempelt zu
werden. Moralsysteme sinken schnell von kluger Einsicht zu legalistischem Ritualismus ab; aber es wäre sno-
bistisch, zu behaupten, es habe in vergangenen Zeiten
keine Weisheit gegeben und die überkommenen Moralsysteme enthielten außer Legalismus und Ritualismus
nicht auch weise Einsicht.

In diesem Buch ist vor allen Dingen von den außeror-
dentlichen Schwierigkeiten bei Freundschaftsbeziehungen die Rede. Eine glückliche, erfüllte geschlechtliche
Partnerschaft zwischen Mann und Frau ist nicht leicht zu
erreichen. Ich bezweifle, daß die bloße Austilgung alt-
modischer Moralbegriffe die geschlechtlichen Beziehun-

[1] Robert H. Rimmer, *The Harrad Experiment*. Los Angeles:
Sherbourne [1966].

144

gen zu jedem beliebigen Angehörigen einer Gemeinschaft befriedigen oder überhaupt möglich machen könnte. Das *Harrad Experiment* – und vergleichbare utopische Vorstellungen – ist utopisch, im strenggenommenen griechischen Wortsinne: etwas, das nirgendwo geschehen kann, wo wirkliche Menschen leben.

Ich zweifle nicht daran, daß in Freundesgemeinschaften ein gesteigertes Sexualbewußtsein herrscht. Dieses Bewußtsein wird, meiner Ansicht nach, solange nützlich sein, wie die ehelichen Beziehungen innerhalb der Gruppe stark und befriedigend sind. Wenn das nicht der Fall ist, wird die Gemeinschaft es schwer haben. Anders ausgedrückt: Freundesgemeinschaften sind nur etwas für gereifte Menschen mit großer Selbstbeherrschung. Sie kommen nur für Ehepartner in Frage, die eine erfüllte Ehe führen.

Die Beziehungen zwischen Freundschaft und Gesellschaft sind also vielfältig und komplex. Die Gesellschaft kann nicht ohne Freundschaften auskommen, und Freundschaften können ohne die Gesellschaft nicht existieren, wenn auch Freundschaften manchmal die Gesellschaft in Unordnung bringen und die Gesellschaft gelegentlich die Ruhe der Freundschaft beeinträchtigt. Wenn auch der Mythos von den beiden Liebenden, die ganz allein miteinander in einem Südsee-Inselparadies leben, etwas höchst Anziehendes hat, sollten sich diejenigen, die diese Vorstellung allzu verführerisch finden, einmal klarmachen, daß ja in ihrem Paradies dann niemand von ihrem Glück wüßte. Die meisten von uns könnten das wohl nicht lange aushalten. Glück will eben mitgeteilt werden.

Die Zukunft der Freundschaft

Das Wagnis gehört, wie wir gesagt haben, zum Wesen der Freundschaft, und ein Risiko ist immer vorhanden. Mögen wir noch so einfühlsam und noch so erfahren sein und die Zeichen noch so gut deuten können –, wenn wir uns unseren Freunden offenbaren, gehen wir ein Risiko ein. Inmitten zwiespältiger und ungewisser Reize müssen wir immer wieder Entscheidungen treffen. Je wichtiger der Freund, desto größer das Wagnis, denn in dem Geschenk, das wir dem wichtigen Freund anbieten, ist noch mehr von uns selbst enthalten. Für Eheleute ist jeder Liebesakt ein neues Risiko. Sie wissen nie ganz genau, ob sie bei diesem speziellen Akt anziehend und einfühlsam genug sein werden.

Mir kommt es oft so vor, als sei das Risiko für den Mann größer als für seine Frau; denn einerlei, wie geschickt sie bei der Rollenverteilung des Eroberns und Sich-ergebens sein mögen, der Mann ist immer noch derjenige, der physisch die Initiative ergreift. Wenn er biologisch versagt, ist dieses Versagen auffälliger, und sein Wert wird stärker in Zweifel gezogen als der seiner Frau. Beide setzen bei der Vereinigung mehr aufs Spiel als ihren Körper. Wenn ihr Verhältnis durch Zuneigung und Freundschaft geprägt ist, dann steht bei ihrer Vereinigung weit mehr auf dem Spiel, denn es wird dadurch sehr viel mehr symbolisiert als der Abbau physischer Spannung. Man wird nicht behaupten wollen, daß diese

Angst vor dem Risiko bewußt oder besonders stark ist; man stellt lediglich fest, daß sie da ist und da sein muß, nicht nur beim Liebesakt, sondern bei jedem Zusammenwirken freundschaftlicher Art.

Es gibt so viele Dinge, deren wir nicht sicher sein können. Wird unser Freund auf unsere Einladung reagieren? Wenn ja, wie lange? Werden wir unsere Angst überwinden können? Wird er mit seinen Ängsten fertig werden? Werden wir bei ihm die richtige Strategie anwenden, und wird er darauf sensibel und aufmerksam reagieren? Wir wissen nicht, ob unsere Wahl richtig ist, und wir kennen nicht die Konsequenzen unserer Entscheidung. Die größte Schwierigkeit bei einer Freundschaft besteht in der Ungewißheit. Die Neigung, sich der Ungewißheit zu entziehen, ist im menschlichen Organismus außerordentlich stark. Deshalb versuchen wir, mit Zauberformeln und billigen Lösungen der Ungewißheit zu entgehen. Oder aber wir bedecken die Ungewißheit mit Schweigen und ignorieren die Probleme.

Wir stellen Regeln auf, mit denen wir die Beziehung auf einem niedrigen Vertrauensniveau einfrieren lassen und das Risikobedürfnis – und damit natürlich auch die Möglichkeit des Reifens – austilgen. Oder wir suchen die Gefühls-Orgie in Form irgendeiner Sensitivitäts-Erfahrung, in der Hoffnung, eine schnelle Lösung der Ungewißheiten und Mehrdeutigkeiten in der Freundschaftsbeziehung zu erreichen. Wenn die Verschwörung des Schweigens keinen Erfolg hat, wird vielleicht die Verschwörung des Lärms erfolgreich sein.

Die Zukunft der Freundschaft ist also eine Zukunft voll Angst und Schrecken, aber auch eine Zukunft der Freude und Ekstase. Die Menschheit wird möglicherweise im

Laufe der künftigen Entwicklung besser für den Umgang mit Angst und Ungewißheit gerüstet sein, und dann wird vermutlich die Lust und die Ekstase noch zunehmen. Doch ist es sehr unwahrscheinlich, daß die menschliche Kreatur jemals gänzlich frei von Angst und Ungewißheit sein wird, und deshalb werden Freundschaften immer ein gewisses Risiko und ungewisse Begleitumstände mit sich bringen. Und vielleicht wollen wir das manchmal auch gar nicht anders.

Wir haben hauptsächlich von der Freundschaft zwischen zwei Menschen gesprochen, wenngleich es auch Freundesgemeinschaften von mehr als zwei Menschen gibt. In der Familie dehnt sich die Freundesgemeinschaft meistens auf Kinder und Eltern aus, besonders wenn die Kinder erwachsen werden.

In der heutigen Welt werden Freundesgemeinschaften über die Familiengrenzen hinaus populär, da Männer und Frauen der Kälte und Unpersönlichkeit unserer bürokratischen und technokratischen Gesellschaft zu entfliehen versuchen. Derartige Gemeinschaften, seien sie nun religiöser, politischer, kultureller oder auch psychedelischer Natur, sind eindrucksvolle Versuche, die allerdings weit mehr Schwierigkeiten enthalten, als die meisten ihrer Anhänger ahnen. Freundschaft ist nicht einfach, nicht mechanisch. Sie wird nicht durch angespannte quasi-therapeutische Sitzungen oder durch gemeinsamen Marihuana-Konsum erreicht. Die eheliche Beziehung oder die Beziehung zu einem Freund bedeutet für die meisten Menschen eine Anstrengung; eine Menge Freundschaften gleichzeitig aufrechtzuerhalten, bedeutet eine noch größere Anstrengung, besonders wenn die eigene Ehe auf irgendeine Weise in diese Beziehungen hineingezogen wird. Dann ist die Angst, die die Ehepartner voneinander trennt, nicht mehr auf die häusliche Intimsphäre beschränkt, sondern liegt offen vor aller Augen.

Freundesgemeinschaften stellen wahrscheinlich einen großen Fortschritt in der menschlichen Kultur dar. Es ist außerordentlich wichtig, daß die Sozialwissenschaften allmählich die Dynamik solcher Gemeinschaften zu verstehen beginnen; aber Enthusiasten, die meinen, daß die Probleme der Freundesgemeinschaften einfach zu lösen oder auch nur einfach zu verstehen seien, betrügen sich selbst.

Eine der bemerkenswertesten Entdeckungen der modernen Gesellschaft ist die, daß die entscheidenden Schlüsselpositionen in den bürokratischen Organisationen nicht mehr von Einzelpersonen, sondern von Problemlösungs-Teams besetzt werden müssen, das heißt, von Männern und Frauen, die ihre Fähigkeiten und ihre Informationen zu wirkungsvoller gemeinsamer Kompetenz verbinden können. Damit ein solches verantwortliches Team funktionieren kann, muß zwischen seinen Mitgliedern Vertrauen herrschen. Sie müssen sich gut miteinander verstehen und dürfen sich nicht als Konkurrenten empfinden. Mit anderen Worten: Ein entscheidungsfähiges Team muß ein Team von Freunden sein.

Trotz der Multiversität als Weiterführung der Universität und dem Massenandrang zu höherer Bildung, trotz Computern, Fernsehunterricht und anderen Wundern der Erziehungstechnik hat es immer noch den Anschein, daß die entscheidende Lernerfahrung sich zwischen Lehrer und Schüler ereignet und daß diese Erfahrung, wenn sie sinnvoll sein soll, eine Art Freundschaft zwischen beiden bedingt. Der Lehrer muß dem Schüler klarmachen, daß er bereit ist, den Äußerungen des Schülers zuzuhören. Wenn der Lehrer dazu nicht bereit ist, wird der Schüler seine Gedanken für wertlos halten. Er wird dann möglicherweise das Denken aufgeben und sich nur noch um eine gute Zensur bemühen [und das hat mit Denken nicht unbedingt etwas zu tun].

Und schließlich ist es in der Gesellschaft, die durch soziale, rassische, ökonomische und ethnische Konflikte bedroht wird, zunehmend klarer geworden, daß unsere Gesellschaft nicht überleben kann, wenn nicht Menschen verschiedener Art, Herkunft und Interessenlage fähig sind, etwas Vertrauen zu lernen. Hobbes' Problem, daß ein Mensch des andern Feind sei, ist noch ungelöst, und in einer technokratischen und bürokratischen Gesellschaft, in der verschiedene Gruppen miteinander heftig um Macht und Privilegien kämpfen, in der die Massenmedien jedes Ereignis augenblicklich verfügbar machen und in der das empfindliche Gleichgewicht, das eine Nation zusammenhält, sehr leicht gestört werden kann, wird eine Lösung des Hobbesschen Problems so dringlich wie nie zuvor. Es mag eine Zeit gegeben haben, in der Vertrauen und Freundschaft für den Menschen noch wahlfrei waren; in der modernen Welt sind sie unbedingt notwendig. Die Freundschaft zwischen Schwarz und Weiß wird kaum das gleiche sein wie die Freundschaft zwischen Mann und Frau oder zwischen zwei guten Freunden, die viele gemeinsame Interessen haben. Wenn die Freundschaft zwischen Mann und Frau sich allerdings nicht wesentlich erweitert, werden wir sehr wahrscheinlich keine Kinder bekommen, die imstande sind, diejenigen, die anders sind als sie selber, vertrauensvoll zu behandeln. Wenn das Verhältnis zwischen Menschen verschiedener Gruppen sich vielleicht auch nicht zu einem Intimverhältnis entwickelt, so muß es doch ein Mindestmaß an Vertrauen, Versprechen, Geschenk, Einladung, Freude, vielleicht sogar einen Hauch von Ekstase enthalten, denn ohne dies kann der Mensch die Angst nicht besiegen; und Angst ist die Wurzel des Hasses.

Ob wir wollen oder nicht: Wir alle müssen lernen, einander zu lieben.